介護福祉の「専門性」を問い直す

黒澤貞夫 著

中央法規

はじめに

　本書は介護福祉の専門性について体系的に論じたものである。本書発刊の目的は、現在の介護福祉に関する国家的な課題にいささかなりとも応えようとするものである。すなわち、わが国は超高齢社会を迎えて介護人材の量的充足と介護サービスの質の向上がせまられている。特に後者については、さまざまな観点から提言されている。しかし介護の質の基軸となる「介護の専門性」については、制度発足から問われ続けられているがいまだ道半ばである。ここで介護福祉の専門性を問い直すものである。

　介護福祉の専門性の構築のねらいは、二つの課題に解決の道筋を示すものである。一つは介護サービスが国民の信頼に応えるためには、専門的な妥当性を有することである。これは実践の科学としての根拠を示すことである。二つには介護の専門性はこれから介護を志す者あるいは介護従事者にとって、介護が「魅力ある職業」であり「生涯をかける価値あるもの」であることを理論と実践の両面から総合的に論証することである。この介護福祉の専門性の構築は、介護の質的な視点からのものであるが、実は介護人材の量的な充足と表裏一体なのである。

　いつの時代においても人は老いや病、心身の障害等を担って生活を営んでいる。そしてそれらの生活支障を克服して幸せを求めている。このことは社会の普遍的な課題である。介護職員は介護福祉における社会的使命を果たすうえで専門職としての理論と実践を有していることを示す必要がある。

　本書の特性は、介護福祉の専門性を「人間科学」として構成していることである。つまり専門性を科学的思考と方法による学的体系によって構成している。「科学」という言葉は従来、社会の一般的な認識は科学技術というイメージから、自然科学中心に考えられてきた。この自然科学の特性は、簡潔に言えば人間がある素材（マテリアル）を対象化して観察・計測・数的実証することによるものである。その意味では人間を含まない客観化された世界である。一方、人間科学における介護福祉の例では、人間と人間との相互関係を基盤とするのである。そこに人間の意思といった主観が重

要な要素とされるのである。本書はこの客観性と主観性をいかに調和して介護の専門性を構築するかを説いている。この人間科学は、その源流として戦乱、災害、飢餓、病といった人間の苦難の歴史からの幸せを願う人類の思想を基盤とするものである。それは人権思想として介護福祉の専門性の基軸となる。この人権思想は、わが国においても、憲法第13条、第25条に掲げられた基本的人権、生存権の条項、社会福祉法等の利用者主体等の理念において示されている。さらに1960年代以降の北欧に生まれたノーマライゼーション、アメリカの障害者自立生活運動、WHO（世界保健機関）のICF（国際生活機能分類）等の思想的変革（パラダイムシフト）を取り入れて構成している。

　さて介護福祉の専門性は、実践の科学である。それは日々経験している生活の営みの支援である。そこで生活とは何か、その核心的な部分を示す必要があった。この課題が専門性を考えるうえでの難問であった。すなわち生活の営みの多義性・多様性はごく日常的なすべての人が経験する出来事である。それでは介護福祉の固有の専門性をどこに求めるかである。その骨格となる一人ひとりの個別性は、その奥に普遍的な人間の理念があること、そして個人の意思という主観性はこの生活の世界において人々によって共有化され客観性を有する過程であることを実証的に論じている。

　私は福祉実践と福祉教育に60年余を過ごしてきた。これまで多くの著書、論文を著してきたが、介護福祉の専門性については、介護福祉の制度発足から今日に至るまで脳裏から離れることはなかった。それは介護従事者が介護の専門性の深遠さを自覚し誇りと責任をもつことが、社会的な使命を果たすことになるとの思いである。執筆に当たっての目的はそうであっても、浅学菲才のことゆえ、読者の皆様のご教示、ご助言をいただきながらさらに取り組んでいきたいと考えている。

　本書の出版は、なによりも中央法規出版株式会社の介護福祉への深いご理解とご助言のおかげである。ここに厚く御礼を申し上げる。

2018年
黒澤貞夫

目次

はじめに

第1章 介護福祉の専門性を問うことの意義について

1. はじめに …………………………………………………………… 1
2. 介護福祉は、一生をかけた価値ある仕事 ……………………… 2
3. 介護福祉の特性 …………………………………………………… 3
4. 介護福祉の専門性を構築する意義 ……………………………… 5
5. 自然科学の思考と方法 …………………………………………… 6
6. 介護福祉の専門性における普遍性 ……………………………… 8
7. 介護福祉の専門性における論理性 ……………………………… 12
8. 介護福祉の専門性における客観性 ……………………………… 16
9. 介護福祉の専門性と人間科学の理念 …………………………… 19

第2章 介護福祉は生活の支え合いの思想

1. 支え合うことの意義を考える …………………………………… 21
2. 支え合うことの文化としての歴史的意義 ……………………… 23
3. 介護福祉の専門性の根拠──人権思想 ………………………… 25
4. 介護福祉の専門性──日本国憲法の基本的理念から ………… 29

第3章 介護福祉における人間の尊厳と自立の意義

1. 人間の尊厳の意義を問う ………………………………………… 31
2. 介護福祉における理念と現実 …………………………………… 32
3. 介護福祉における自立の意義を問う …………………………… 36
4. 障害者の自立に向けた生活支援 ………………………………… 40
5. 自立と健康で文化的な生活 ……………………………………… 43
6. 自立とアイデンティティ ………………………………………… 46
7. 自立とリハビリテーション ……………………………………… 49
8. 自立と自己実現 …………………………………………………… 54

第4章 介護福祉におけるニーズ論

1. 介護福祉におけるニーズの意義 ………………………………… 57
2. 人間性から見たニーズの性質 …………………………………… 59
3. 介護福祉における基本的ニーズの充足 ………………………… 60

4	ニーズの理解の過程	67
5	事例からニーズを考える	71
6	時間性をもつニーズ	72

第5章 人間理解と関係性

1	人間理解の基本概念	75
2	人間理解の主観性と客観性	76
3	人間理解における自己覚知の課題	80
4	共感的理解について	82
5	人間理解は無形の姿を見ること	84
6	信頼関係の形成	86
7	人間関係とコミュニケーション	92
8	生活世界におけるコミュニケーションの彩り	97

第6章 ターミナルケアにどう向き合うか

1	ターミナルケアとは	103
2	ターミナルケアにかかわる法令等	104
3	ターミナルケアにおける生と死の問題	105
4	老いをどう迎えるのか	108
5	ターミナルケアにおける実践的課題	109
6	ターミナルケアと専門性	114

第7章 介護福祉における生活システム

1	介護福祉とシステム	115
2	生活支援における一般システム理論	117
3	人間科学としてのシステム理論	122
4	生活システム	123
5	生活システムの科学性	125

第8章 介護過程の基礎理論

1	介護福祉における介護過程の意義	127
2	介護過程における生活支援の基礎理論	128
3	介護過程における人間関係と時間性	132

4	介護過程の科学性	135
5	介護過程とICF	139

第9章 介護過程の実践

1	介護過程を学ぶとは	149
2	介護過程の実践——フローチャートでの展開	150
3	出会い・相談	151
4	アセスメント	154
5	ケアプランの作成	160
6	ケアカンファレンス	163
7	実践・モニタリング・評価	164

補章 介護福祉の専門性の理論

1	介護福祉の体系	169
2	人間科学の思考と方法	172
3	経験と理論	173
4	介護福祉の科学的思考と方法	174
5	介護福祉における主観性と客観性	180
6	介護福祉の専門性は主観と客観との統合	182
7	人間科学の理念	184

著者紹介

第1章 介護福祉の専門性を問うことの意義について

1 はじめに

　私が福祉の仕事に入って、60年余の歳月が流れた。過ぎてみれば早いものであるが、よく振り返ってみれば、確かに多くの人々に出会ってきた。そして仕事については、折々の事情に合わせて"あれか・これか"と思い巡らせながら過ごしてきたように思う。それでも、経験とはありがたいもので、今になってみるとそれが蒸留水のように、さまざまな枝葉を切り取って、大切なものを私の資産として残してくれているように思う。そして折にふれて、いつの間にかこの書を執筆する糧となっていることに気づくのである。それは多くの障害をもつ人から学んだことでもある。

　そして今日、これまでの経験から、何を知っているかではなく、何を"問うのか"が少しわかってきて、考えてみるかという気分になってくることがある。これが「介護福祉の専門性」のテーマである。このテーマは、世の中に頭脳明晰な人がいて、すでに答えが用意してあるという領域を超えている世界である。一方、それでもその答えを日々の生活のなかから求めている、ということに気づくのである。よく"日暮れて道遠し"というが、このテーマを目指して山頂にたどりつくのはかなり難しい。なぜなら頂を目指すルートはいく通りもあるからである。つまり専門性という山頂をどこから登り始めるかが難しいのである。これが物理学のような自然科学の世界では、ある"素材"を対象化して、分析・計量等の方法により研究することになるであろ

うが、介護福祉という人間の世界では、そもそも人間を分析によって要素に還元することはできないのである。しかし麓に立って、これから山の頂を目指して登り始めることは、とても楽しいことである。これから60年余の経験を生かして挑戦するのである。

　私の福祉の仕事の約30年間は、人生中途で障害を担っている人々のリハビリテーションの世界であった。私の所属した福祉施設では、医療（患者）から生活者として、社会復帰のための多様なリハビリテーションを行っていた。その内容は、健康管理・生活訓練・職業訓練等が用意されていた。もちろん今日でいう「介護（ケア）」は、重度の障害者の施設では重要な機能であるが、その専門性そのものについて認識され、十分に論議されることはなされてこなかったのである。一方では、ケアを担当する職員と利用者の関係は、相互信頼のうえに真摯に取り組まれてきたように思っている。

2　介護福祉は、一生をかけた価値ある仕事

　すべての人は、自分の仕事に誇りと、責任をもって尽くしていきたいものである。

　これは1回限りの人生を十分に生きて、自分らしい生き方を実現することである。このことは現在の介護職員あるいはこれから介護福祉を志す人々にとってとても重要な課題なのである。介護福祉は一生をかけた価値ある仕事であるという意味は、介護福祉の仕事に歳を重ねるごとに、その学問的、実践的な深みと広がりを認識するということである。これは自己の人間性と経験の豊かさが伴うからであろう。

　私の経験からも、たとえば老いを迎え、病をもつ人への共感は、自己の人間性と経験の豊かさによって、より深くなることに気づくのである。あるいは人生中途で失明した、人の悲しみや絶望を、今振り返

ると、果たして深く理解してその人の身になって支援できていたかを反省をこめて思うのである。

　さらに一生をかけるということは、介護を通じて利用者から学ぶことである。ここでの学びとは、問われ、問いかけの学びである。このことは、すでにあるものや与えられた知識を身につけることではない。全人的な豊かさを生涯を通して努めていく生の充実である。これらのことは、実践例をあげて論じていく。

3 介護福祉の特性

　介護福祉の専門性を考えるためには、まず介護福祉は生活支援であることから出立する。そして介護福祉における生活支援は、介護職員と介護サービス利用者（以下、利用者という）の直接の人間関係によって行われている。また生活支援は、生活の営まれる場としての地域の生活環境を見るのである。

　介護福祉の専門性を考えることは、この介護職員、利用者、生活環境の三重の関係を、生活支援という概念をもって総合的、体系的に構成して論じる必要がある。

　ここでの介護サービスを必要としている人々の生活状況とは、老いを迎え、病をもち、心身の障害等に起因して生活支障（生活のさしつかえ）が生じ、介護サービスを必要とする状況である。人は、いかなる状況下にあっても、常に幸せを求めて日々の暮らしを営んでいる。

　一方介護職員は、個人の生活の安定・安心のうえにその人の幸せな生活を願って生活支援を実践している。このことは超高齢社会において求められている社会的使命を果たしていることになる。

　そして介護福祉には重要な二つの視点がある。一つは介護職員の自己実現の課題である。二つには介護福祉は、人間の価値を実現することである。自己実現をここでは、仕事を通じての"いきがい"とする。

ミルトン・メイヤロフは次のように論じている。

「相手をケアすることにおいて、その成長に対して援助することにおいて、私は自己を表現する結果となるのである。作家は自己の構想をケアすることにおいて成長し、教師は学生をケアすることにおいて成長し、親は子供をケアすることにおいて成長する。言い換えれば、信頼、理解、勇気、責任、専心、正直に潜む力を自身も引き出して、私自身も成長するのである。」[1]

このメイヤロフの論説では、介護福祉の専門性は、相手の人格を尊重し、成長への信頼をもって介護（ケア）することで、介護職員自身も自己実現していることを示しているのである。この介護福祉の専門性の第一の特性は、相互に人格者同士の関係によって、生活課題を解決し、その過程を通じて人間的成長を図ることで、生き抜く力を強めていくことにある。

第二の特性は、介護福祉は人間の価値を実現することである。これは介護福祉の目的が「人間に値する生活の保障」という普遍の価値観をもって実践することを意味している。ここでは、日本介護福祉士会倫理綱領をあげる。

（利用者本位、自立支援）
1 　介護福祉士はすべての人々の基本的人権を擁護し、一人ひとりの住民が心豊かな暮らしと老後が送れるよう利用者本位の立場から自己決定を最大限尊重し、自立に向けた介護福祉サービスを提供していきます。

ここにあげた綱領は、わが国の介護福祉が現代社会の普遍的な価値を根拠としていることを示すものである。すなわち基本的人権の擁護、利用者本位の尊重等である。これは世界の歴史におけるパラダイ

ムシフト（思想的変革）を源流としており、わが国の法規範に示された価値の実現について、職能団体である日本介護福祉士会が理念価値・倫理を表明したものである。

　これらの介護福祉の特性をふまえて、さらに介護福祉の専門性を構築する意義と目的はどこにあるのかを問うていく。

4 介護福祉の専門性を構築する意義

　介護福祉は、介護職員と利用者との相互関係から成り立っている。その関係の実質的な意義は、介護職員が介護を通じて、仕事の充実感と社会的な使命を果たしていることを認識することである。ひと言で言うならば介護職員の自己実現である。

　一方利用者は、介護サービスを利用することで、自己の生活課題を解決することができ、生活の安心、安定を得ることができる。言い換えれば人間に値する生活を保障されることになる。この両者の関係は、相互関係であるから切り離して考えることはできない。

　ここで取り上げることは、あるべき介護関係について述べるもので、介護福祉が自然とそのような結果をもたらすとは限らない。すなわち介護福祉は次のような状況下において、どのような方向性をもつべきかが問われている。

① いつの時代にあっても、人は老い、病をもち、心身の障害を担って生活している。そして人はいかなる状況下にあっても、幸せを求め、自分らしい生活を望んでいる。

② これまでの介護は、本人、家族、地域の人々の自助・共助によって行われてきた。しかし社会構造の変化に伴って、家族等の介護機能が衰退したために、国家は人権保障の理念から公助による介護福祉の制度を設けている。

③ 国家による介護の法制度・施策は、国民の願いに応えるために、

人間の尊厳・自立の理念を掲げ、介護サービスは、良質かつ適切なものであることを示している（社会福祉法第3条参照）。
④　介護福祉の制度は、国家が国民の生活を保障するためにある。そしてその基盤は、国民相互の連帯の意識のもとに成り立っている。そこに介護福祉が、社会の求める思想や方法を示すことが求められてくる。

以上が介護福祉の専門性を構築する国民的な意義である。

5 自然科学の思考と方法

　専門性とは、ここでは科学的な思考と方法を有すると考える。科学という言葉の意味について『岩波国語辞典』（岩波書店、1994年）によれば、「一定領域の対象を客観的な方法で系統的に研究する活動。また、その成果の内容。特に自然科学をさすことが多い（以下略）」とある。この字義は、科学の特性として、一定の対象領域の研究であること、そして客観的な方法を有していることを示している。この科学性について中村雄二郎は次のように述べている。

　「それにしても、近代科学が、これほどまでに人々から信頼され、説得力をもったのは、なにゆえであろうか。（中略）すなわちそれは、ひと口でいえば、近代科学が、17世紀の＜科学革命＞以後、＜普遍性＞と＜論理性＞と＜客観性＞という自分の説を論証して他人を説得するのにきわめて好都合な三つの性質をあわせて手に入れ、保持してきたからにほかならない。」[2]

　この中村の論旨は、科学の特性をよく論じている。そこでまず中村のいう、普遍性、論理性、客観性の意義について理解したうえで、介護福祉をこの三つの要件について、理論と実践の視点から検証してみ

る必要がある。

そこで三つの要件についての中村の論説をあげる。

　「まず＜普遍性＞とは、理論の適用範囲がこの上なく広いことである。例外なしにいつ、どこでも妥当することである。だから、このような性格をもつ理論に対しては、例外をもち出して反論することはできない。原理的に例外はあり得ないのだから。次に＜論理性＞とは、主張するところがきわめて明快に首尾一貫していることである。理論の構築に関しても用語のうえでも、多義的な曖昧さを少しも含んでいないことである。したがってこのような性格をもった理論に対しては、最初に論者によって選ばれた筋道によってしか問題が立てられず議論できないことになる。最後に＜客観性＞であるが、これは、或ることが誰でも認めざるをえない明白な事実としてそこに存在しているということである。個々の感情や思いから独立して存在しているということである。そのような性格をもった理論にとっては、主観によっては、少しも左右されないことになる。」[3]

この中村の近代科学の説明は、細部の議論はあるにしても、一般に承認されていると考えられている。介護福祉の世界においても、漠然としたものであっても、この科学性を論拠にエビデンス（根拠）ととらえている。

6 介護福祉の専門性における普遍性

（1）生活世界における理念と現実

　介護福祉の専門性は、介護福祉が"生活"の支援であることから構成する。生活のもつ意味は多様であるので、この意味をもった世界を生活世界という。

　ここでは二つの視点からもつ意味の範囲を考える。一つは介護サービスは、老い、病、心身の障害に起因する生活支障の状況に対応する。このことは、人間生活の"現実"の課題である。この現実の生活では、生活の営みの主役である利用者から、生活改善のための介護サービスの利用の意思が表明される。

　二つには、この利用者の意思を一般化して考えると、個人が現実の世界において、この状況にとどまっていないでさらに新たな世界を志向している。これは人それぞれであるが、人は常によりよい生活を求めて努力している。個人の生活の現実から生じる将来への志向性は、"理念"といわれる。これは個人が、自分らしく生きる基本的な姿である。

　ここに述べた理念と現実の関係が、なぜ介護福祉の専門性のエビデンスとなるのか。それは理念の、個人が主体性をもってみる生活の志向性が、社会の普遍の思想となり、ひいては国家の理念として法をつくる源泉となるからである。

　尾高朝雄は次のように論じている。

　「それでは、理念はいかにして現実に内在し、現実の法を作り、法を動かす力となるであろうか。理念が現実に内在して、現実を動かす力を発揮するというのは、一体いかなることを意味するのであろ

うか。
　一切の哲学的思弁を排除して、きわめて現実的にこの問題を考察するならば、理念が現実に内在して現実を動かすというのは、理念が達成せらるべき目標として現実の人々の実意識の中に宿り、現実人の意欲を方向づけることなのである。それも一人または少数の人々の理想として描き出されているだけでなく、社会に生活する大多数の人々が、同一の理念を達成すべき目標として渇望し、これを共同の意欲の対象とし、共同の行動によってその理念を実現して行くことなのである。」[4]

　尾高は、こう述べる。一人の現実の生活課題解決への意欲は理念へ向かう姿である。そして理念は現実に生きる力になる。その理念は人々の共同性によって実現していくという社会的な願いであり、それが国家の法をつくる力となる。
　それではこの現実と理念の関係が、介護福祉の専門性にいかなるエビデンスを与えるのかを考察する。

（2）介護福祉のエビデンスとしての理念と現実

　介護福祉における生活の構造は、理念と現実から成り立っている。たとえば人間の尊厳と自立あるいは人間に値する生活といった理念である。
　この理念のもつ意義は、介護サービスの基盤となる思想（生活・人生に関する考え方）である。この理念に基づく介護サービスは、介護職員にとって現実の業務の誇りと責任を自覚することになる。
　一方利用者は介護サービスを利用する際、社会の意思と介護職員の思想・態度を認識することで、介護職員への信頼と自尊心を保持することができる。
　生活における現実と理念は、国家の法制定により国民の普遍的な思

想として、国民共同の意思によって実践される。すなわち介護福祉は法の理念によって、国民の承認のもとに行われている。

　介護福祉の専門性のエビデンスは、国家の理念という普遍性に求められるのである。

　ここで法の理念を示す、社会福祉法をあげる。

（福祉サービスの基本的理念）
第3条　福祉サービスは、個人の尊厳の保持を旨とし、その内容は、福祉サービスの利用者が心身ともに健やかに育成され、又はその有する能力に応じ自立した日常生活を営むことができるように支援するものとして、良質かつ適切なものでなければならない。

（3）生活文化における価値について

　人間は自然環境において生存している。自然の恵みのなかで生活を営んできた。それは人間が自然環境の影響を受けながらも、自然環境を生活のために変革していく挑戦の歴史でもあった。

　一般に、生物は自然のそのままの姿を事実として受け入れる。しかし、人間は、自然とのかかわりを、自然の風物や人間の生きる姿など、さまざまな視点から意味づけし、自然環境と人間の生活に彩りを加えてきた。このことは人間が他の生物と異なるところである。

　この人間の、人間生活と自然環境にかかわる事実の意味づけを"価値"ということができる。もちろん意味づけにおける価値は人間がつくり出したものであるから、そこに何らかの理由がなければならない。それは人間の"生活の質"の向上に有益なものである。その典型例が文化の概念である。

　中埜肇は次のように論じている。

「事実とはあるがままのものである。しかし文化とは、このあるがままのものに何かを付加する営みである。そして明らかに人間はあるがままのものに対して何かを付加することによって生きている。その「何か」にはさまざまなものが考えられるが、それらを「意味」として集約することができるであろう。例えば生きていくためにはどうしても他人と協働しなければならない。協働のためには意志の疎通を行わなければならず、そのためにはコミュニケーションが必要である。」5）

　中埜のいうことから、介護福祉は人間生活の文化として、現実の生活に新たな意味を加えていると考えられる。そして、その意味ある生活様式の変化は、人間生活にとって必要な価値を共有していることになる。
　これは介護福祉が、生活文化を形成していることにある。具体的には、介護サービスが社会構造の変化に対応して、人間関係、衣食住の様式、地域の人々の助け合いの意識などについて、新たな価値観をもって生活の質の向上に先導的な役割を担うのである。

（4）介護福祉における現実価値と理念価値

　介護福祉において考えるべき価値は、利用者が介護サービスを主体的に選択して利用できることである。それはある事柄の意味づけによる価値の選択である。言い換えれば社会の文化として、個人が自己の創意で自らの生活を"よりよい"ものにしていくことの共通の価値観に基づくものである。この価値の内容は、生活の必要条件の充足である。
　これは生活の現実からみると、与えられた条件のもとでの因果法則によるものではない。"あれか・これか"と揺れ、迷いながらも少しでもよい生活へと願っての選択である。その意味では現実価値における

必要条件の選択は相対的である。

　一方、理念価値は、国家の法制度として、人々が等しく共有すべき理念であるという意味で至高の価値を有するものである。例えば国家の理念として、日本国憲法第13条に掲げる個人の尊重等の基本的人権の保障の理念である。

　個人としては、自己実現、あるいは自分らしく十分に生きるという理念がある。これは利用者にとっての十分条件である。この理念は人間の本質であるから、具体的な生活条件に左右されないものである。

　したがって介護福祉は、まず必要な条件を満たすことを目的とする。そのうえで、自らの人生の理念として十分条件を考えていくことを期待するのである。

7　介護福祉の専門性における論理性

　介護福祉における論理性について、これまで専門性の観点から意識的に論議されることはなかったといえる。この論理性は、私の経験からいうと、とても大切な要件である。たとえばケアカンファレンスにおいて、論理的に説明するのはとても難しいことである。したがって介護職員が論理明晰に提案できることは専門職の要件である。中村雄二郎は、「論理性とは、主張するところが、きわめて明快で首尾一貫していることである」[6]としている。

　この論理性は、何をもって論理性というかが問題である。これは多様な視点があるので以下で考察する。

（1）目的と手段が明確である

　介護福祉における目的は、利用者がこうありたいという意欲の表明である。それ自体は主観的なものであるから、直ちに論理性の判断は

できない。しかし目的は達成されるためにあるので、その目的と手段の関係の妥当性が論理明晰に示されることになる。これが医学における診断・治療の関係では、科学的な論理性をもつのである。あるいは物理学の目的・計画・実験・数的実証性もそうである。

しかし介護福祉における目的と手段は、利用者の意向という主観であるから、その妥当性は、関係者がそれぞれの情報をいかに理解し取り入れているか、その手段は現代社会の価値観に沿っているかの論理明晰な判断と表明にある。

マックス・ヴェーバーは次のように論じている。

「〔主観的に抱かれた〕人間の行為につき、思考を凝らして、その究極の要素を抽出しようとすると、どんなばあいにもまず、そうした行為が『目的』と『手段』の範疇〔カテゴリー〕に結びついていることが分かる。われわれがあるものを具体的に意欲するのは、『そのもの自体の価値のため』か、それとも、究極において意欲されたもの〔の実現〕に役立つ手段としてか、どちらかである。ところで、まず疑いなく科学的考察の対象となりうるのは、〔1〕目的が与えられたばあい、〔考えられる〕手段がどの程度〔その目的に〕適しているか、という問いに答えることである。」[7]

この論説は、目的と手段の関係を明らかにすることで科学的な妥当性を見い出すことができるとしている。その目的と手段の関係について、実践の場面では難しい課題がある。しかしそれゆえにこそ論理性のある考え方と、そのケア方針の妥当性が求められる。

（2）事例からみた論理性

事例1

　島村さん（42歳：男性）は工業デザインの仕事をしていた。交通事故で脊髄損傷（頸髄6番）の重傷を負った。病院を退院後、重度障害者のためのリハビリテーション施設（以下、施設という）を利用している。利用目的は、機能訓練による生活自立である。入所後しばらくして、デザイン関係の新聞、雑誌が送られてきた。介護職員からは、「ベッドの周りは、書類が増えてきて掃除にも困ります」との苦情があった。訓練担当職員からは、機能訓練に集中してほしいとの声があった。一方島村さんは、職業復帰に備えて勉強は怠れないと言う。

事例2

　磯部さん（83歳：女性）は、一人暮らしであった。結婚はしていない。2年ほど前に脳卒中で倒れた。その後一人で生活することに不安があるので、特別養護老人ホームを利用することになった。
　そのうち磯部さんは、6歳のときに里子に出されてから苦労の連続であったことを職員に延々と話をするようになった。また、他人の悪口を言うようになって、次第に一人でいることが多くなった。

考察

　事例1の島村さんの事例は、島村さんに対してどのようなケアが求められているか、介護サービス計画（ケアプラン）の担当職員は、生活課題・目標・内容を論理明晰に示していく必要がある。その基本項目は次のとおりである。

① 島村さんの施設利用の目的は生活自立である。それは施設における人間の尊厳と自立の理念において共有している。
② 目的のための手段（方法）について、島村さんの意向は、機能訓練と職業的自立に向けた社会復帰のための資料の収集等の準備である。一方、施設側は、施設の機能として、機能訓練・生活自立のための訓練に重点があると理解している。
③ このような生活課題について、次の点が重要である。
・島村さんの意向を尊重する。施設は ICF（International Classification of Functioning, Disability and Health；国際生活機能分類）の"活動・参加"の方針に沿って支援する。
・施設側の事情も考えて、資料等の閲覧等の場所を設ける。
・機能訓練等については、島村さんとよく話し合って計画していく。
　この島村さんの事例の考察が論理性を有していることの論証には、目的と手段の関係において理念が尊重されていること、この理念が生かされるためには、利用者との意向が尊重されること、そのためには信頼関係のもとでの相互理解が必要とされることである。

　次に事例2の磯部さんの事例である。まず磯部さんの理解である。昔の苦労話をし他者のことを批判する、挨拶の仕方が悪い、食事の際の作法がよくないなどと言う。その事実からの人間理解である。それはその事柄からの心の内の推測による理解である。磯部さんは何も現在の心境を語ってはいない。いや多くの人はそうであろう。
① 介護職員は、磯部さんの人間関係や昔の話から、今の心情を共感・洞察するのである。
② 介護職員の主観は磯部さんの主観と共有され、信頼関係が形成されていくように努めるのである。
③ ①、②から磯部さんのケアプランが考えられる。基本は磯部さんが、どのような生活を望んでいるかの意向に沿うことである。
　介護における論理性は、特に人間理解の方法として、コミュニケー

ションによる理解をベースにすることである。

しかし西田幾多郎のいう「声なきものの声を聞く」ことを論理性をもっていかに示すかである（96頁参照）。すなわち共感と洞察は、二つの視点があり得る。

一つは、人間が老いを迎えこれまでの人生をいかに十分に生きたかについての本質的理解である。二つには、磯部さんの生活史、行動、言葉を重ね合わせての全人的理解である。そこから介護の方向性を考えるのである。

8 介護福祉の専門性における客観性

　介護福祉は客観性をもって行われる。この客観性については、中村雄二郎は、「或ることが誰でも認めざるをえないような明白な事実としてそこに存在しているということである」[8]と述べている。

　客観性とは専門性の要件である科学的思考および方法の基軸となる概念である。この客観性は介護サービスにおいてはエビデンスを有している。なぜなら明白な事実は、常に確かめることができるからである。

（1）分析的理解による客観性

① 利用者の心身機能および生活状況を分析的な方法により理解することである。
　【例示】
　　❶ 医師の診断による情報である。
　　❷ 外形的観察による生活行動の理解である。たとえば、ある動作について、できる・できないの評価である。
② 個人と環境との関係の分析的理解である。これは利用者にかかわ

る人間関係および地域の社会資源等である。

【例示】
- ❶ 家族構成・家族の介護機能
- ❷ 利用している医療機関および介護等の福祉サービス
- ❸ 地域の生活サポートの資源　等

　これらは、ある事柄を要素に分けて数的あるいは項目的に分類し、それぞれの性質を明確に示すことである。これは測定者あるいは観察者が外側から（自分を入れないで）対象を検査・測定・診断・外形的観察をした結果を示すもので、あれか・これかという曖昧さを少しも残さないのである。

　この結果はある時点の動きを停止させるものである。つまり判断を猶予させることはないので、確実な理解に導くことができる。その意味では、この分析的理解による客観性は専門性の要件をよく満たしていると考えられている。

　ただしこの分析的理解は、これは"どういうことなのか"を示すものである。つまりその理解に基づいて"いかにするか"を示すものではない。もちろんこの分析的理解があって、確かな情報のもとに次の段階に進むことができるのである。

（2）全人的理解の主観性

　介護福祉は利用者の意向を尊重して行われる。これは介護福祉の専門性が現代社会の理念価値をエビデンスとしているからである。

　この利用者の意思は全人的理解によるものである。この利用者個人の意思を"主観性"というのである。これは介護福祉の専門性について客観性と対比され論議されている。そもそも介護福祉は生活の支援である。生活の営みの主役は利用者であるから、利用者の主観（意思）の尊重は自明のことである。

　全人的理解は、人間関係において、その人を直接に直観的に理解す

ることである。その理解は、介護職員が自己の先入観や方針を入れないで利用者をわかることである。これは、介護職員が利用者との関係を共感・洞察をもって理解するのである。

　すでに述べた分析的理解は、その人自身にかかわっているのではない。しかし全人的理解は、メアリー・E.リッチモンドがいうように「心から心への洞察」なのである（157頁参照）。したがってこの過程における利用者の意向の尊重は、全人的理解によるのである。

　この理解は介護過程における生活支援技術を超えた人間社会に求められる文化の問題であり、かつ人格的態度の深みにつながる問題である。

　このことについて、松原泰道は『般若心経入門』で次の一首を紹介している。

　　「「聞くままに　また心なき身にしあれば　おのれなりけり　軒の玉水」（道元禅師）

　　雨の日でしょうか、軒ばたに落ちる雨だれの音を聞く、無心で聞くとそれは外ごとではない、『おのれなりけり』と私のすがたを見るのだ―――との詠嘆です。」9)

　さて、分析的理解は動かないものを、ありのままに理解する。しかし全人的理解は、人間関係によって理解するので、そこにおのずから人格的変容が生じることがある。介護職員の、よく話を聴いてわかりたいという真摯な態度、やわらかいまなざし、寄り添う姿といった態度は、利用者にとって新たな生き抜く力を得るものであろう。

9 介護福祉の専門性と人間科学の理念

　介護福祉の専門性は科学性を有することとして論じてきた。
　中村雄二郎のいう科学性とは、普遍性、論理性、客観性が要件であることを援用してきた。それは自然科学の専門性ではなく、人間中心の思想による新たな科学的思考と方法による学問体系の"人間科学"として構成している。
　人間科学の思想は、ヒューマニズムの思想を基盤とする科学体系である。この人間科学を論じた、シュテファン・シュトラッサーの論説をあげる。

　「自然科学では人間の存在は、自然から生み出された存在と見なされる。人間は宇宙進化の系列の中のあるひとこまとして、あるいは生物学的に定義できる環境に依存して生きている一有機体として、あるいは系統発生的、個体発生的過程の成果として現れる。これに反して経験的人間科学の枠内では、人間は自分で自分自身の環境世界を創り出し形成する者と見なされる。ここでは、社会、歴史、文化、宗教等諸次元の持つ世界が、どのような仕方で人間によって、そして人間にとって生じるかが記述される。」[10]

　この論説における人間科学の存在理由は、人間は自らの環境世界をつくり、自らの生活を形成することにある。そしてそれは人間の文化としての学問の諸次元の関係においての科学性であるとしている。
　そしてもう一人、人間科学を論じたジャン・ピアジェの論説をあげる。

　「自然科学と人間科学という二つの科学群が対立せざるを得ない、主要な理由は、それが『主体』の役割と性質に関係するからである。

この科学群の対立と様相が文化的環境のちがいによって大へんちがうことも『主体』が関係しているからだ、とわかれば、納得がいくだろう。」11)

スイスの碩学ピアジェのこの論説は、人間科学の特性として「主体」が自然科学との分かれ目だとしている。そしてそれが文化的環境の違いによるものと論じている。

ここにあげた二人の論説の人間科学が、介護福祉の専門性を示す人間科学に、思想的かつ理論的なエビデンスを与えるものである。

さて介護福祉の専門性を考えるためには、科学的思考と方法をもって介護福祉の科学の専門性のエビデンスを示すことである。それは人類の歴史から学び、現代社会の人々の生活課題をいかに克服して、万人の幸せを実現するかの経験の学としての人間科学の成立である。言うまでもなく自然科学と人間科学は人間の文化として、それぞれの存在理由を尊重しながら両者が調和的な発展を目指していくのである。

1) M. メイヤロフ著、田村真・向野宣之訳『ケアの本質』ゆみる出版、1987 年、60 頁
2) 中村雄二郎著『中村雄二郎著作集第 2 期 2 臨床の知』岩波書店、2000 年、7〜8 頁
3) 前出 2)、8 頁
4) 尾高朝雄著『法の窮極に有るもの』有斐閣、1955 年、13 頁
5) 中埜肇著『哲学的人間学』日本放送出版協会、1988 年、145〜146 頁
6) 中村雄二郎著『臨床の知とは何か』岩波書店、1992 年、7 頁
7) M. ヴェーバー著、富永祐治・立野保男訳、折原浩補訳『社会科学と社会政策にかかわる認識の「客観性」』岩波書店、1998 年、30〜31 頁
8) 前出 6)、7 頁
9) 松原泰道著『般若心経入門』祥伝社、2001 年、90 頁
10) S. シュトラッサー著、徳永恂・加藤精司訳『人間科学の理念』新曜社、1978 年、7 頁
11) J. ピアジェ著、波多野完治訳『人間科学序説』岩波書店、2000 年、128 頁

第2章 介護福祉は生活の支え合いの思想

1 支え合うことの意義を考える

　介護福祉は生活の支え合いの思想を基盤として行われる。そこでは、まず生活とは何かが問われることになる。
　介護福祉における生活を考えるためには、二つの視点がある。一つは生活の営みの主役は、介護サービスを利用するその人であるということである。このことは人間の存在そのものの意義を問うものである。人間の存在とは、人間の尊厳が保持され、主体的な意思決定による、その人らしい人生を送ることである。それは、現実の生活状況から未来へ向けて目指していくものである。
　二つには、老いや病、心身の障害等を担っているという状況下における生活である。人はいかなる状況下にあっても、常に自分らしく生き、幸せを求めている。大切なことは、介護福祉における「人間の存在」と「現実の状況」は相伴うものであり、介護福祉において一方だけを考えることはできないのである。常に人間の存在と現実の状況という普遍の原理を総合的にとらえて支え合うのである。
　支え合うとは、「わたし」と「あなたの」の関係である（補章参照）。自然科学においては、自然を対象化するので3人称の「それ」の関係であり、因果関係によってその関係が決定される。一方で人間科学における支え合いの関係は、人格をもつ人同士の関係である。人間の出会いの関係の質による、人間の意思と行動の自由が課題となる。
　このことについて、マルティン・ブーバーは次のように論じている。

「＜それ＞の関係における因果の無制限支配は、自然に対する科学的な秩序のうえでは、重要性をもつが、＜それ＞の支配の束縛をうけず、たえず＜なんじ＞と関係の世界にはいることのできるひとにとっては、重荷とならない。この関係の世界では、＜われ＞と＜なんじ＞は互いに自由に向かい合い、因果に支配されず、他のなにものにも侵されることなく、相互に働きかけるのである。ここにおいて人間の自由と存在の本質の自由が保障されている。」[1]

このブーバーのいう存在と自由の意味は、その人に対する人間としての尊敬の念と、その状況に対する共感的な態度であろう。それは人格者としての人間的な態度からであり、知識や指示によるものでないからである。

このことについて花崎皋平は、「人間の根本的な不幸とは、いわば存在の忘却のことであった。そして、忘れられたその存在に、人間が気づくのは、自分がそのつどの悲しみに打ちひしがれて涙を流すとき、ともに泣いてくれる一粒の涙が、自分の胸底に、自分の涙とは別にあることに気づくときである。人のやさしさは、この一粒の涙にめざめるところに生まれる。こうして人のやさしさは、存在のやさしさというところへふかめられている」[2]と論じている。

この花崎のいう「存在のやさしさ」は実践の場においても、貴重な示唆を得るものである。それは人間のまなざしであり、平素何を考えているかの思想的態度から生まれるものである。

ここで支え合うことの事例をあげて考察する。

事例

角田さんは、18歳のとき自動車事故で両眼失明の重傷を負った。突然の暗黒の世界に絶望した。もう何もできない自分に対する不安と悲しみのなかで、1年後に視覚障害者の自立のための施設に入所した。

入所当時の角田さんの生活は依存的であった。スリッパはどこ、コーヒーが飲みたい、食堂へ連れていってくれ、といった状況である。そんな日々のなかで、同じ経験をもつ仲間が、共感的、受容的に接していた。自分もかつてはそうだったよな、という思いがあった。同室に熊谷さんという 40 代の男性がいた。農業を営んでいたが眼病のため失明し、入所してきた。熊谷さんは無口な人であったが、角田さんにはやさしかった。

　熊谷さんは夜遅くまで黙々と点字を学んでいた。その姿を見て角田さんも次第に自立訓練に励むようになった。

> **考 察**

① 支え合うとは、第一にお互いに学び合うことである。それは角田さん、熊谷さん、仲間の人々も自らの体験をもとに、支え合っているのである。

　第二に、花崎のいう、存在のやさしさであろう。やさしさとは気づかい、配慮、といった人間的な目標をともに有する共同性である。

② 失明という絶望、悲哀の状況下にあっても、人間は自立への道、自分が十分に生きる道を目指している。

2 支え合うことの文化としての歴史的意義

　老いや病、心身の障害等に起因して生活に支障を生じたときに、家族やともに暮らす人々が支え合うということは、人間の他者を愛するという本質から生まれるもので、近代文明の社会の仕組みによって生まれたものではない。むしろ人間の本性を取り入れたものである。この人間性は人類がこの地球上に生まれてからのものであろう。現在の

研究から少なくとも数万年前のネアンデルタール人にみられるのである。

ルネ・デュボスは、「真に人類といえる最初の段階に達した最初の社会のなかにすでに愛他心の現れをみることができる。イラクのシャニダルの洞窟のなかで、5万年前のネアンデルタール人の成人の男子の骨骸が発見された。この人物はおそらく盲目であったと思われ、また右腕を若いときに失っていた。彼は洞窟が崩れおちたために圧死したのである。ところでこの人物は、生涯の大半を不自由な肉体ですごしながら、40歳くらいまで生きながらえたのである。ということは、同族の仲間の助けがあったからこそ、彼は生き残ることができたのであり、言い換えれば、仲間のおかげで生きながらえたのである。これに似た例は、ネアンデルタール人の遺跡から数多く発見されている」[3)]と論じている。

この例は、その後、宗教をはじめとした、人類の文化として長い歴史を歩んできた。ここから、介護福祉は、人間社会の文化として人々の生活意識のなかに定着するものであると考えられる。

ここで文化とは、『国語大辞典』(小学館、1982年)によれば、「③自然に対して、学術・芸術・道徳・宗教など人間の精神によってつくり出され、人間生活を高めてゆく上の新しい価値を生み出してゆくもの」とされている。

それでは介護福祉が文化問題として人間生活を高めていくうえでの新しい価値とは何かを示す必要がある。

この文化の問題認識について、わが国においても注目すべき提言があった。1998(平成10)年、中央社会福祉審議会において「社会福祉基礎構造改革について(中間のまとめ)」が提言された。そのなかの、「Ⅱ改革の理念 ⑦福祉の文化の創造」では、「社会福祉に対する住民の積極的かつ主体な参加を通じて、福祉に対する関心と理解を深めることにより、自助、共助、公助があいまって、地域に根ざしたそれぞれに個性ある福祉の文化を創造する」としている。この審議会の提

言は、今後のわが国の方向性を示すものであると考える。

　ここで介護福祉における、自助、共助、公助はどのようにかかわるのかが問われることになる。わが国のかつての介護の状況は、本人の努力のうえに家族や近隣の人々の支え合いであった。これはあくまでも個人と地域の善意によるものであった。しかし近年の社会構造、人口の変動に伴って、自助、共助の介護に限界を生じたときに、人間らしい生活を維持するために国家の責務として公助が必要とされたのである。

　公助は二つの視点をもって行われる。一つは、公助は国家の政策である以上国家の理念（あるべき目標）を示し、法制度を用意し国民の同意を得る必要がある。二つには、この公助と自助・共助が総合的に実践されることである。国民は、公助の費用を等しく負担し、国家は制度を策定するが、その実践は国民の力に期待される。そのためには、公助の意義と目的が明確に示され社会的な価値基準によって実践される必要がある。その核心的な根拠は人権思想である。

3　介護福祉の専門性の根拠
――人権思想

　いつの時代にあっても、人は老いや病、心身の障害等によって生活の営みに困難を生じる。そして人はこの生活の困難を克服して、生活の豊かさを求めている。その人間の願いを理解し、支え合うのは、古今東西を問わず人間の自然の情である。

　しかし個人の助け合いの善意には社会の構造や状況のなかでは限界があるため、人々は国家のありようとしての思想的変革を求めることとなった。これは中世から近世への架け橋となったルネサンスにおけるヒューマニズム（人間主義）の思想である。これが人権の誕生である。

　宮沢俊義は、「今日多くの国では、人権を承認する根拠として、もはや特に神や自然法を持ち出す必要はなく、『人間性』とか『人間の尊厳』

とかによってそれを根拠づけることでじゅうぶんだと考えている。人権の概念がかように『人間性』とか、『人間の尊厳』とかによって根拠づけられるとすれば、それは、いわば『人間』の存在ということから論理必然的にうまれるのだと考えられる。(中略) 人権の概念は、人間の社会においては、すべての生物学的意味における人間は、当然社会的意味における人間でなくてはならず、しかも、社会的意味における人間は、人間社会における最高価値だという考え方にもとづく。この考え方は通常人間主義(ヒューマニズム)と呼ばれるものであるが、それがほぼ確立したといえるのは、ルネサンスおよび宗教改革にはじまる近世のことである」4) と論じている。

このヒューマニズムの思想は、その後各国が、この人権の思想を源流として、国家の憲法等によって人権保障の原理と責務を掲げることにつながった。

(1) 基本的人権の誕生

憲法に人権にかかわる条項が最初に盛り込まれたのは、1776 年から 1789 年の間に制定されたアメリカ諸州のものであった。その後 13 の州の結びつきによって、アメリカ合衆国憲法が成立した。ここで現在の基本的人権の原型をなすものとして 1776 年の「アメリカ独立宣言」がある。

> われわれは、自明の真理として、すべての人は平等に造られ、造物主によって、一定の奪いがたい天賦の権利が与えられ、そのなかに生命、自由および幸福の追求が含まれていると信じる (抜粋)

アメリカで生まれた人権思想が、ヨーロッパで最初に明文化されたのは、1789 年のフランス革命における、人および市民の権利宣言であ

る。

> 第1条　人は自由、かつ平等なものとして出生し、かつ生存する。社会的差別は、共同の利益のうえにのみ設けることができる。
> 第4条　自由は、他人を害しないすべてをなし得ることに存する。その結果各人の自由権の行使は、社会の他の構成員にこれら同種の権利の享有を確保する以外の限界をもたない。それらの限界は法によってのみ規定することができる。

ここにあげた条項は、人権思想の原型となっているものであり、今日においても、なお学ぶべきものがある。

（2）生存権の登場

人権における自由権は、人間が幸せを求め、人間らしく生きるために、自由、平等の旗を掲げたのである。しかしそれらの権利だけでは、必ずしも実質的な生活の保障にはならなかった。自由・平等は経済力のある者のみが享受すべきではなく、特に経済生活、健康、文化、教育等において実質的に保障されるべき生存の権利を保障すべきとの思想を生存権として掲げたのである。

この生存の権利を世に示したのは、第一次世界大戦後の1919年、ドイツのワイマール憲法である。特に次の条項が注目される。

> 第151条　経済生活の秩序は、すべての者に人間たるに値する生活を保障する目的をもつ正義の原則に適合しなければならない。この限界内で、個人の経済的自由は確保されなければならない。（以下略）

この生存権の思想は、第二次世界大戦後戦乱の惨禍を踏まえて、改めて新たな時代の到来における人類の平和と幸福のための核心的思想となったのである。そして先導的に人権保障の指針を示したのは1948年の第3回国際連合総会において採択された世界人権宣言であった。

（3）世界人権宣言

> 第1条　すべての人間は、生れながらにして自由であり、かつ、尊厳と権利とについて平等である。人間は、理性と良心とを授けられており、互いに同胞の精神をもって行動しなければならない。
> 第22条　すべて人は、社会の一員として、社会保障を受ける権利を有し、かつ、国家的努力及び国際的協力により、また、各国の組織及び資源に応じて、自己の尊厳と自己の人格の自由な発展とに欠くことのできない経済的、社会的及び文化的権利を実現する権利を有する。
> 第25条　すべて人は、衣食住、医療及び必要な社会的施設等により、自己及び家族の健康及び福祉に十分な生活水準を保持する権利並びに失業、疾病、心身障害、配偶者の死亡、老齢その他不可抗力による生活不能の場合は、保障を受ける権利を有する。
> 　（以下略）

世界人権宣言は、国家・社会の最高の価値として、人間の尊厳と権利を掲げている。次に自由と平等の基本権としての自由権的基本権を示している。個人の自由な人格的発展である思想、表現、行動の自由等、そして広く社会、経済、文化の諸権利を有している。

これは介護福祉における基本的価値を示すものであり、生活支援に

おける生活とは何かについての指針となる。一方、人間らしい生活を営む権利として健康、福祉等の生活保障を示している。

これらは後で詳しく述べるように、介護福祉の専門性の思想的根拠となる。

介護福祉の専門性
―― 日本国憲法の基本的理念から

日本国憲法は、「個人の尊重」と「幸福追求権」を掲げている。介護福祉の基本的理念は、この条項から導かれている。

> 第13条 すべて国民は、個人として尊重される。生命、自由及び幸福追求に対する国民の権利については、公共の福祉に反しない限り、立法その他国政の上で、最大の尊重を必要とする。

憲法第13条前段の「個人の尊重」は、個人の尊厳と同じ意義を有していると解され、人権思想の原点となる条項である。すなわち、何ものにもかえ難い最高の価値を示している。これは人権思想の源流といわれるヒューマニズム思想の表現であるといえる。したがって社会全体の都合などによって、個人の権利が不当に抑圧されたり、不当に人権が侵害されたりすることを否定するものである。またそのような事態に対しては、速やかな人権の回復と社会的あるいは環境の改善を図る必要がある。

さて、後段の「公共の福祉」については、諸説あるが、基本的には、人権には内在する制約があり、それは他者の権利または利益との調和であると理解されている。このことについて尾高朝雄は次のように論じている。

「国民すべてが、その置かれた具体的な条件のなかで、できるだけ人間らしい生活を営み、勤労と平安の毎日を送り、しかも仰いで文化の蒼空から心の糧を得るということは、一言でいうならば『公共の福祉』である。これは国内法の窮極の理念である。」5）

この尾高の理念は、介護福祉における、理念的根拠を示すものでもある。すなわち個人の尊重は、日々の生活において、精神的な穏やかさのなかに、心身の躍動があり、文化的な生活の彩りもあるということである。

公共の福祉の説明のためには、宮沢俊義の解釈を加えることが適切であろう。

「これを交通整理にたとえていえば、自由国家的公共の福祉は、すべての人を平等に進行させるために、あるいは青あるいは赤の信号で整理する原理であるのに対して、社会国家的公共の福祉は、特に婦人・子供・老人または病人を優先的にすすませるために他の人間や車をストップさせる原理であるともいえようか。」6）

この宮沢の論旨からいえることは、人権の保障とは普遍的な理念であるが、同時にその人のおかれた条件や個性をよく見て、その人らしい生活が営まれるよう支え合うことである。

1）M. ブーバー著、植田重雄訳『我と汝・対話』岩波書店、1979 年、66 頁
2）花崎皋平著『生きる場の哲学』岩波書店、1981 年、32 頁
3）R. デュボス著、長野敬・中村美子共訳『人間への選択』紀伊国屋書店、1975 年、57 頁
4）宮沢俊義著『憲法 II』有斐閣、1955 年、78 頁
5）尾高朝雄著『法の窮極に在るもの』有斐閣、1955 年、227～228 頁
6）前出 4 ）、226 頁

第3章 介護福祉における人間の尊厳と自立の意義

1 人間の尊厳の意義を問う

　人は老いや病、心身の障害等に起因する生活支障（生活の不自由さ、しづらさ）を、介護の専門職による生活支援によって克服することを目指している。このことは国家の責務として、すべての人に、人間に値する生活を保障するという国家の理念に基づくものである。そして介護福祉の法制度および実践は、二つの理念を軸に行われている。一つは、介護福祉は人間の尊厳という理念価値のもとに行われていることであり、二つには、介護福祉は生活の自立を支援することである。

　人間の尊厳は、介護福祉の基本的原理である。すなわち介護福祉の専門性の根拠となる思想である。また介護福祉によって、よりよい生活を志向していくことである。これは現実を超えて新たな生活を創っていくことである。人間は時の流れにしたがって、ただ無自覚、無目的に生きているわけではない。いかなる状況下にあっても、現実の課題解決を通して、常に幸せを願って生活している。

　このようにいうと、「介護は、そんな難しいことを考えなくてもよいのではないか」あるいは「介護サービス利用者（以下、利用者という）が生活に困っていることを解決すれば、それで十分ではないか」という意見があり得るであろう。

　しかし、介護福祉は生活支援である。それはお互いに生活を支え合うことである。そのためには、利用者と介護職員が相互に共通の願いを確かめておくことが必要となってくる。この、共通の願いを根拠と

して、介護福祉の制度があり、その費用を国民が等しく負担するのである。

ここで理念と現実の関係を分けて考える。たとえば、現実は、夏の暑い日に何日も入浴できない高齢者の生活のありようは、普通の人々の生活水準と比べて著しく低いのではないか。この考え方を社会の課題とするときに人間生活の指標となる理念が人間の尊厳なのである。そこで理念と現実の関係について考察する。

2 介護福祉における理念と現実

介護福祉は、生活支援である。そして生活とは二つの視点を含んでいる。

一つには、人間の生活は普遍的な目指すべき理念を有している。この理念は憲法にいう、個人の尊重、幸福の追求、健康で文化的な生活である。理念は人々が目指すものという意味では抽象的な表現であり、そしてすべての人が認識し共有できるという意味では普遍的な概念である。

二つには、生活支援は生活の現実から出立するという意味では、現実の問題を対象とする。すなわち一人ひとりの生活の特性をみて、一人の人間のありように配慮と関心をもって支援するのである。

介護福祉の専門性は、この理念と現実の結びつきを明らかにすることである。そのためには、抽象性をもつ理念と具体性をもつ現実の関係をいかに生活支援の場で総合するかである。尾高朝雄は、この理念と現実の関係を次のように説いている。

「理念は現実のなかに宿るというのは真理であるが、さればといって、現実そのものが理念であるというのは誤謬である。理念が現実のなかに宿るというのは、理念が現実を動かそうとする人間の努力

のなかにその姿を現すということである。」[1)]

確かに理念は現実そのものではないが、日々生活という現実のなかで、明日に向かって目指していくべきものが理念である。この理念によって生き抜く力を得ることになるのである。このことは現実の状況下においても、変化し創造していく可能性を含んでいる。

このように、現実社会の多様性、複合性のなかから、人間社会における基本的かつ究極的な価値を取り上げたものを理念価値ということができる。そして日々の現実における価値を現実価値とする。これを次のように体系的かつ階層的に位置づける。

◆ 価値概念の階層性

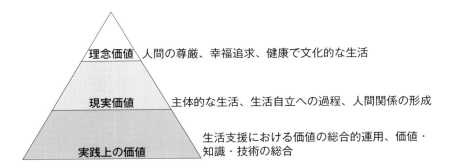

① 上位概念としての理念価値

理念として掲げる人権思想であるから、実践に当たって直接の指標とするものではない。まず中位の概念としての現実価値は、理念価値から導かれるものである。たとえば現実価値における主体的な生活、すなわち利用者の自己決定の尊重は、人間の尊厳から導かれる。

② 中位概念としての現実価値

　これは、生活支援における具体的な指針としての位置づけである。理念価値は人間社会の理想ともいえる思想であるから、抽象的な表現である。一方、現実価値は実践上の価値（方法）に結びつくものである。たとえば食事介護の、自立に向けた実践である。そして自立という価値概念には、利用者の主体的な意思の尊重が含まれる。

③ 諸価値の総合的運用である実践上の価値

　生活支援における生活は、多様性、複合性をもっているので、生活を根拠づける価値は複数存在することになる。

　生活支援における価値の総合的運用には二つの視点がある。一つは、理念価値と現実価値の総合の意味では利用者の意思決定が尊重されることである。たとえば、重度の障害をもつ大学生が、自分らしく生きるためには何ができるかを考えて、法律を学んで司法書士を目指すことを決めた。この事例では、自分らしく生きるとの理念価値において、主体的な自己決定によって司法書士への道を選んでいる。これは現実価値である。そして大切なことは、これらの諸価値が常に表現されて明確になっているわけではないので、人間関係のもとで、声なき声を聞く、という傾聴、共感のうえに理解していくことが求められる。

　二つには、実践上の価値の運用には、複数の価値のあいだで矛盾（ジレンマ）が生じることである。これについては事例をあげる。

事例1

　内田さん（84歳：男性）は脳卒中で倒れ入院していたが、退院に際し在宅の生活が困難であったことから、特別養護老人ホームを利用している。内田さんは糖尿病があり、医師からは食事制限の必要がある

と診断されている。内田さんは、何の楽しみもないのだから、食事くらい好きにしたいと言う。

　医師の所見は健康に生きるという価値に基づいている。一方、内田さんは、自分らしい生き方という価値である。この価値ジレンマの問題は、決してまれな例ではない。そして哲学や倫理学の難しいテーマとされてきた。
　ここでは相互に支え合うことは、お互いに学び合い折り合いをつけるという人格的変容のテーマとして考えられている。すなわち医師や介護職員は、内田さんの内心を推察し共感的態度で話し合う。そして内田さんも自分を取り巻く豊かな環境のなかで、食事の制限について考えてみる可能性を期待するのである。
　生活モデルの主唱者であるカレル・ジャーメインは次のように論じている。

　「つまり人間の機能のなかに積極的な部分を頼みとし、たとえ病気、失敗、深い悲しみに直面しても、人間はなお成長や健康に向かって活動する、もって生まれたパワーをみなもっているという価値観である。」[2]

　このことは、内田さんの例でもそうであるが、結果の理解ではなく過去の生活から現在の状況そして明日への生活へどうつなぐかである。

④ 価値判断の客観性・普遍性について

　ここまで述べた人間の価値は、理念価値として人間社会の究極の願いであり目指していくべきものである。そして現実価値は、日常の生活において指標となるものである。このことのゆえに国家の目的が明確となり、国民生活が共通の目的のもとに安定したものとなる。介護

福祉はこの価値規範を、業務の根拠としているのであり、専門性の要件である客観性および普遍性を有していると考える。ここでマックス・ヴェーバーの論説をあげておく。

　「すなわち『人格』を構成するあの最も内面的な諸要素こそ、つまり我々の行為を規定し、我々の生に意義と意味を与える最高にして窮極のいくつかの価値判断こそ、我々によって何か『客観的に』価値に満ちたもののように感じられる。確かに、我々がかかる幾つかの価値判断を主張し得るのは、それが我々からみて〔客観的に〕妥当なものとして、また我々を支える最高の生の価値から流れるものとして現れ、こうしてそれらの判断が生のさまざまな抵抗と戦いながら、その中で繰り広げられていく場合だけである。その際たしかに『人格』の尊厳は、人格が自らの生をそれに投げかけている価値が人格にとって存在しているかどうかで決められる。」[3)]

　ここにあげた論説は、社会科学からの客観性というもの、つまり、人間の生に意味と意義を与える最高にして究極の価値判断が「客観的」に満ちたものであるとして感じられると述べている。これを介護福祉の専門性の根拠とするうえでは、さらに人間社会の究極価値を示す必要がある。

3　介護福祉における自立の意義を問う

(1) 自立の意義

　自立という概念は、さまざまな考え方があるが、ここでは、自己の意思によって主体的な生活を営むこととする。

この定義には二つの視点がある。一つは、生活が他者支配を受けない自由な意思決定によって営まれることである。自由な意思とは、自由かつ活発な精神の躍動が保持されていることを意味する。精神の躍動とは、現在の状況を認識して、それを受け止めること、そしてその状況を乗り越えて新たな生活を創造する意欲である。

このことはさまざまな困難を克服する精神の自律を意味する。この精神的自律は、個別の自立の課題の前提として、自己の生活支障をいかに乗り越えるかという全人的な生活態度を意味する。その意味では自律から自立への道筋によって行われることになる。

二つには、生活支障の改善を個別の生活課題とする視点である。たとえば糖尿病の持病があり、脳血管疾患による片麻痺の後遺症をもつ高齢者の自立を想定する。

この事例の自立には、保健・医療・介護等の各領域からの総合的なサービスが提供される。この場合の自立とは、利用者が自己の生活ニーズの充足のために、いかに生活支援サービスを利用して、生活の維持・改善を図るかという具体的な方法による自立である。

以上のように自立とは、利用者の精神活動による自律を基盤として、主体的な生活設計による生活支援の諸サービスを利用しよりよいものにしていく具体的な方法による活動をいう。一般には、精神的な自律と身体活動等の自立の両者を総合したものと理解されている。

(2) 自立は人間の本質である

自立とは、よりよい生活・人生を求めて現実を少しでもよりよいものにしたいという全人的な活動である。これは人間の本質といえる。現実の生活に不満があるかないかといった問題を超えて、生命の躍動としての人間の姿なのである。人間はよりよく生きることを常に志向している。さらにいえば個性的にその人らしく生きるのである。澤瀉久敬は次のように述べている。

「生とは何かと人は問う。しかし生はすでにあるものとして、あたかも壁に掛けられた絵画のように向こう側にあるものではない。生は現に自ら生んでいる。生はただ自己を創造する程度に応じて、自らを明らかにする。ここにおいて、生とは何かという問いは、如何に生くべきかという問いに置き換えねばならぬ。けれども現実を無視して理想を求めても空論に終わる。既にある生の上にのみ、あるべき生の理想も生まれる。」[4)]

この論述から学ぶべきことは、未知の世界に自ら身を投じ課題を乗り越えることである。このことは、たとえば脳卒中の後遺症により、片麻痺の障害をもつ高齢者が、機能訓練の成果を生活の場面に活かすよう頑張っている、あるいは大学生が交通事故で頸髄損傷による四肢麻痺の障害を担うという絶望のなかから、機能訓練を経てボランティアの支援を受けて研究者の道を歩むことができたという事例から学ぶのである。

(3) 社会福祉法の理念と自立

社会福祉の基本法である社会福祉法は、福祉サービスの基本理念を次のように規定している。

> 第3条　福祉サービスは、個人の尊厳の保持を旨とし、その内容は、福祉サービスの利用者が心身ともに健やかに育成され、又はその有する能力に応じ自立した日常生活を営むことができるように支援するものとして、良質かつ適切なものでなければならない。

この法理念によって、生活支援と自立が結びついている。すなわち生活支援は、個人の尊厳を理念として支えること、そして能力に応じ

た自立を支援することである。この法律の意味する自立とは、利用者の意思によって福祉サービスの内容・方法等を決定し、利用することである。そのことから介護職員は、常に利用者の意向を十分に尊重して福祉サービスを提供することになる（同法第5条）。

　自立は、社会環境のなかで促進され、あるいは阻害因子となるものがある。これらについて基本的な考察を必要とする。

（4）社会関係からみた自立への課題

　高齢者や障害者の老い、心身の障害等に起因する社会的地位・役割の喪失感、家族や社会からの疎外感、障害からのスティグマ（不名誉、負い目）、将来への不安などは、人間の自由闊達な意思決定や表現の自由を奪っていくものである。そのことは、自立の基本的要件である、誇りと自信を失っていくことにもなり、自尊心の喪失にもつながる。この状況の改善は、人間の尊厳を回復することである。それではどのような生活支援が求められるかである。

　まず個人の尊厳の保持・回復の過程を、社会環境との相関関係においてみる。人は社会における自己の存在感、精神的な安定感がなければ、自己を自立した存在と見ることはできないであろう。つまり自己のイメージや認識は、日常の人間関係において、他者が自分をどう見ているかによって形成される。

　この人々の意識という社会的風土が自立への阻害因子になっていたとすれば、個人の責めに帰すべきことではなく、社会の文化的土壌が個人の思想形成に影響を与えていることになる。したがってこの問題への対応は、社会のパラダイムシフト（思想的変革）について、国家的、社会的努力が求められてくるのである。

4 障害者の自立に向けた生活支援

(1) 障害者の自立に関する基本課題

　障害者の自立に関する課題について、まず、身体的、精神的、環境的な相互関係における自立を考察する。次いで障害者の自立には、外側からみたいわば ADL（activities of daily living；日常生活動作）にみられる、できる・できないといったカテゴリーのみでは計ることのできないバリエーションがある。

　これには二つの視点がある。一つは、障害者のライフステージにおける特性である。たとえば児童期、成年期、老年期における自立の態様の違いである。二つには、障害の種別によるものである。たとえば身体障害、知的障害、精神障害等の生活支障の個別に配慮した適時・適切な生活支援である。

　これらの諸問題を考える際に大切なことは、障害者の自立の基本的認識を理解することである。この問題の基本は、これまで述べてきたので事例をもって考えることにする。

(2) 事例からの考察

事例2

　武田さん（26歳：男性）は、大学3年のときに、登山で滑落して脊髄損傷（頸髄5番）の重傷を負った。四肢麻痺で、全介助を要する重度の障害を担っての生活である。建築を専攻する夢も消えて、ただベッド上の生活である。武田さんは、入浴、排泄等人間生活の最も大切なことを人様の手助けによって生きていくことに何の意味があるの

だろうかと絶望している。そうかといって両親のことを考えると、死ぬわけにもいかない、ただ生きているだけですと言う。それから1年ほど過ぎてから、私に「人間は他者と比べて自分を見るのではないですね。1回しかない人生ですから、自分らしく精一杯生きてみようと思うようになりました」と話してくれた。

事例3

田村さん（45歳：女性）は、家庭の主婦であり、家族は夫と2人の子ども（中学生と小学生）がいる。田村さんは、ベーチェット病によって失明した。病院から退院後は、暗黒の世界にいる恐怖、また、行動の自由を失った。田村さんは、家族のために何もしてあげられないと思った。子どもたちは「お母さん、僕たちができるから心配しなくてもいいよ」と言ってくれているが、田村さんは不安だった。

そんな日々が続くなか、市役所の紹介で、中途失明者のための生活訓練センターで生活行動の訓練を始めた。生活訓練を通じて、目が見えなくても、「できない」ことよりも、「できる」ことのほうがはるかに多いことを、身をもって学んだ。何よりも救いだったのは、センターで中途失明という同じ経験をもつ仲間からの助言や励ましであった。

考察

事例2の武田さんの自立は、ひと言で言うと「自分らしく生きる」ということである。武田さんは重度の障害を担って生きていく。その状況は、自ら引き受けなくてはならないのである。悲嘆、絶望、不安のなかで、どう生きていくべきかの問いに向かい合うことになる。

このことは武田さんだけの問題ではない。人間がさまざまな状況のなかで問われ続ける課題なのであろう。ここでカール・ヤスパースの、限界状況と実存というテーマでの論述をあげる。

「私がつねに状況のうちにあること、私は闘争や悩みをなくしては生きえないこと、私は不可避的に負い目を引き受けること、私は死なねばならないこと、このような状況を限界状況（Grenzsituationen）と名づける。」5)

　そしてその状況からの脱却について、次のように論じている。

　「われわれが限界状況に反応するのは、それを克服するための企画や打算によって意義があるのではなく、全然別の能動性、すなわちわれわれのうちなる可能的実存の生成、によるのである。つまり眼を見開いて限界状況へと踏み入ることによって、われわれは、われわれ自身となるのである。」6)

　すなわち、人は人生途上において、さまざまな状況に遭遇する。それ自体人生において引き受けなければならない出来事である。以前に比べて、今は不運であるとか、マイナスの人生だとして生涯を遇することを決してよしとしないということである。その脱却を自らの力で創造していくためには人間的信頼のうえでの生活支援が考慮される必要がある。
　事例３の田村さんの自立の課題は、人生中途の失明によって、人間の尊厳の喪失という危機的状況にあることである。そのことを次のように整理して考察する。
＜尊厳についての危機的状況＞
①　失明によって、何もできなくなってしまったと感じる自尊心の喪失感である。
②　妻として、母としての役割が果たせなくなったと感じる絶望と悲しみである。
③　具体的な生活支障は、家事、文字による情報、移動、整容等である。

＜尊厳の回復と自立＞
① 尊厳の回復の契機は、家族の支援、地域社会の人々のあたたかいまなざしと交流である。
② 田村さんが障害を受容して行動能力を回復するためには、科学的・体系的な生活訓練が必要である。
③ 田村さんの障害の受容と新たに生きる意欲は、同じ障害をもつ人同士の交流が有益である。

　さてこの二つの事例から学ぶべきことは、武田さんも田村さんも、自己の体験を通じて自らの進むべき道を探求してきたことである。言うまでもなく自己の障害の部位、種別、内容等を理解し、そのための機能訓練を行うことも心得ている。これは客観的な医学的診断に基づく自立である。
　一方では、重度の障害をもつことの悲哀、絶望、不安のなかで、それらの状況を受け止めていかに生きるかは、そこに何らかの価値を見い出すことによる主観的な精神的自律である。このことより、実存とは体験に基づく、主観と客観の統合における人格的態度なのであるといえる。

5 自立と健康で文化的な生活

　自立は、人間生活の基盤となるものである。それは主体的な生活を営むことである。ここで論じる自立とは、老いや病、心身の障害をもつ人の自立である。
　そして生活の自立の内容を問うことになる。すなわち自立には健康で文化的な生活が理念価値として含まれるのかという課題である。このことは素朴に考えても、健康や文化的生活が十分に満たされない状況からは、自立した生活とはいえないであろう。

（1）健康とは何か

WHO（世界保健機関）による健康についての定義がある（1946年）。

「健康とは、身体的、精神的、社会的に完全に良好な状態であって、単に疾病がないとか、虚弱でないとかというだけではない。」

この定義で特に注目したいのは、「良好な状態」とは何かである。ここでの健康は、日本国憲法第25条の生存権の条項「健康で文化的な最低限度の生活の保障」の意義である。

ここでは介護福祉の視点から考察する。まず健康とは、理念価値であるから国家の目指すべき目標である。したがって、その保障の内容は個別の立法政策によって具体的に実践され、それらの制度・政策は、理念としての憲法の主意に沿うものでなければならない。

次いで健康とは良好な状態であるとの意義である。老いや疾病、心身の障害等をもつ人は、ある時期には必要な医療を受けることになる。それは患者としての立場である。そして在宅の生活に戻れば、不可逆性の疾病・障害をもちながらも、生活者としての主体的かつ創造的な生活を営むことになる。また介護サービスを適時、適切に受けることで自立した生活が可能となるのも、良好な状態の意義である。

（2）文化とは何か

文化とは、自立した生活には必須の概念である。文化の意義とは、自然からの人間の精神活動による創造的表現である。文化（カルチャー）の語源は「耕す」という意味である。人間は生存のために自然を切り開き、環境に適した作物をつくり、牧畜を営んできた。それはアブラハム・マズローのいう欠乏の欲求の充足であるとともに、生

活様式の文化を創り出してきた。さらに人々が糧を得る生活様式は、さらに良質なものへと志向されている。中埜肇は次のように語っている。

「人間の欲求は必ず質的なものに転嫁する。大量への志向は必ず良質への願望に変わる。貧困のなかに私たちは衣・食・住のいずれかにおいても量的なものを求める。しかしある程度豊かになればもはや量ではなくて、質に関心が集中するということは、私たちの日常的な経験のなかにも明らかに認められる事実である。そのことは物質的な欲求だけでなく、精神的な欲求についても言えることである。」[7]

この中埜の論説は、量から質へ向かう人間の本質を説いている。そうとすれば介護福祉の諸サービスは、量から質への過程において配慮されるべきものである。このことにより介護福祉による生活支援が文化的水準にあるかどうかが問われることになる。

事例4

木本さん（89歳：女性）は、これまで一人暮らしであった。高齢になり体が不自由になってきたので特別養護老人ホームを利用することとなった。施設での生活が2週間ほど過ぎたある日、施設長と次のような話し合いがあった。

木本さん：施設長さん、ですね。

施 設 長：はい、生活はいかがですか。お元気そうで何よりですね。

木本さん：実はお願いがあります。私は、18歳の頃から日曜日には教会に礼拝に行っておりました。教会に行くことを続けたいと思っています。一人では無理なのです。何かよい方法はないでしょうか。

施設長：わかりました。職員とも相談して、実現できるように考えさせていただきます。

　人それぞれの生活には、歴史があり、個別の彩りがある。そのなかで、希望や選択があってその人らしい生活がある。そのことは社会的、文化的ニーズの充足が自立の一環であるといえる。
　利用者が主体性をもって生活支援を利用することは、自立の一つの姿なのである。そのことがWHOのいう「良好な状態」にあることの要素である。

6　自立とアイデンティティ

　自立について課題となることは何か、という問いに対して、まずは生活のニーズをアセスメントによって的確に理解すること、と答えるであろう。さらに介護福祉の専門性においては、利用者自身のライフステージにおける課題や、自己実現について、深刻な葛藤に陥ることを学ぶべきである。
　たとえば人生の中途で重度の障害を担って生きていくことについて、自分は、この状況をどう受け止めるか、これからの人生を生きていく価値は何かについて思い悩むのである。さらにいうならば、老いていく自分をどう考えていくかということもある。このことは人間の普遍的なテーマでもある。
　アイデンティティ（identity；自己同一性）は、エリク・エリクソンの提唱したことでよく知られているが、アイデンティティは固定した観念ではない。人は誰でも、それぞれの生活状況のなかで、いかに生きるかの課題を背負って生きている。そして時間的経過と環境的な影響のもとに変容していくのである。アイデンティティは、その人の個性の表現であり、生き方を変容する過程である。

ここで重度の障害を担って生きる青年の手記と、老年期におけるアイデンティティの論説をあげて考察する。

【重度の障害をもつ島田さんの手記】

> 　ズボンをはくこと、靴下をはくこと、タオルをしぼること、入浴すること、これらの人間が生命として存在するために欠かせない基本的動作の一つひとつが自分の意思でできない。こうなると大概の人間は、自分の存在理由について哲学者のように、悩みこむものだ。今はやりの言葉で言えば、アイデンティティの喪失感に自己葛藤することになる。（中略）私の場合には、「こんな状態ではたして人間として生きていくべき意味があるのだろうか」と考え、自分の生存する意味を見つけることから、「こんな状態でも生きているということは、きっと神様か何かが、『それでもいいから生きてさえいればいいさ、お前は生きる意味など問うことなく、俺さまの意のままに生きていけばそれでいいんだ。この俺さまがお前を生かしてあげているのだ。』と言うに違いない。自分という存在はお釈迦さまの手のひらの中で生かされている孫悟空と同じだ」と、自分の命を自分を生かしめているものに預けてしまうことでスーッと肩の力が抜けて楽になった。こうして、私は全く手前勝手な私自身のアイデンティティを確立した。このことが私の「自立」のための土壌になった。

　島田さんは、学生のときスポーツ事故により障害程度１級の重度の障害を担っている。アイデンティティについては、島田さんが言うように、その人自身でいかに生きるかを問い、考えていくものであろう。その意味では、アイデンティティは個性なのである。これは人格的変容の過程であり、そこには家族の無限の愛情、施設におけるよい環境等が、その人の思想の形成に力を与えることとなる。
　ここで自立支援について、留意すべき視点をあげておく。
① 自立には、自己の老いや、障害にどう向き合うかが問われる。そ

こでアイデンティティの確立が課題となる。
② 自立は、生きていく価値を問い、障害を引き受ける人格的態度にかかわる。これが主体性からの自己決定権につながる。
③ 生活支援における介護について、利用者の介護サービスを選択していく責任ある態度を尊重、支援していくことが求められる。

【老年期における自立】

エリクソン他の示す、ライフサイクル8段階における、老年期の「統合対絶望・英知」では次のように論じられている。

> 「われわれが示唆したように、統合は、これと同じようにこの段階で充満する絶望という感覚の間でのバランスを追求する上での支配的な同調的傾向であり、またそうでなければならない。最後の力、すなわち英知については、次のように解説してきた。英知とは、死そのものを目前にしての、人生そのものに対する超然とした関心である。英知は、身体的、精神的機能の衰えにもかかわらず、経験の統合を保持し、それをどう伝えるかを学ぶ。」[8]

老年期における絶望と英知の意味するところと、その統合については、われわれの日常生活の具体的な事柄ではないので、理解が難しいかもしれない。しかし人間の摂理として人は老い、生涯を終えていくのであり、そこに絶望や経験からの英知がある。それはもともと統合されていくものであろう。次のエリクソン他からの論説から、追体験の糧を得てほしいのである。

> 「それはひとりの人間の人生のうえにUターンし、すでに述べたように、いままで通ってきた人生段階を新しい形でその人にもう一度経験させる。その過去の再経験は、もし隠喩として嘘っぽく聞こえないのであれば、死に向かって成長することだ、と表現できるか

もしれない。カエデやポプラは毎年 10 月になると、生命の最後にもこのような成長のほとばしりが可能であるという証拠を、燃え立つ紅葉で示す。しかし残念ながら、われわれ人間はこのような美しい衣装がまとえないのが自然の定めである。実際老化が進むにつれて人間の進化は衰退しはじめ、肉体的能力も心理社会的能力も、一見発達の逆のコースをたどるように減退する。肉体的な弱さゆえに支えが必要になったとき、人は信頼と希望を失うことなく再び妥当な依存を受け入れなければならない。」9)

この論説は、人間のライフサイクルを示している。すなわち人間は自然の定めによって肉体や心理社会的な能力は衰えてくる。そして信頼と希望を失わないで妥当な依存を受け入れることになる。しかし幼児の存在と違うのは、長年の経験と英知と後の世代に伝えていく役割をもっていることである。

このように高齢者が自然の摂理のもとに老いていくことを理解する。そして人々の敬愛のまなざしのもとで精神の躍動を保持しながら妥当な依存を受け入れるのである。

7 自立とリハビリテーション

（1）リハビリテーションの意義

リハビリテーションは、障害をもつ人の生活自立を支援するうえで、重要な手段となっている。介護職員は、生活の場における自立を支援するうえで、リハビリテーションの意義、目的、機能をよく理解して、生活支援に取り入れていく必要がある。

リハビリテーション（rehabilitation）は、「再び」を意味する＜re＞

と「社会に適応できるよう」に由来する＜habilitate＞から、「再び社会に適応すること」の意味に理解されている。もっともこれは言葉のもつ字義の解釈であり、リハビリテーションの定義については、いくつかの考え方が示されている。

＜WHO（1969年）＞

リハビリテーションとは、医学的、社会的、教育的、職業的手段を組み合わせ、かつ相互に調整して訓練あるいは再訓練し、障害をもつ者の機能的能力を可能な最高レベルに達せしめることである。

＜障害者インターナショナル＞

リハビリテーションは、身体的、精神的、かつまた社会的に最も適した機能水準の達成を可能とすることによって、各個人が自らの人生を変革していくための手段を提供していくことを目指し、かつ時間を設定したプロセスを意味する。したがってリハビリテーションは、これらの社会適応あるいは再適応を容易にするための方策はもとより、自助具などの技術や手段により、機能喪失や制約を補完することを目的とする方策を含むものである。

ここにあげた定義からわかるように、リハビリテーションは、理念、目的、技術・方策の総合した概念である。

(2) リハビリテーションは権利の回復

リハビリテーションの語源は、「復権」すなわち権利の回復であるとされている。このことについて中世社会における歴史上の由来と、現代における新たな理念における復権の思想の違いは理解しておく必要がある。ここで砂原茂一の説明をあげる。

「もともとリハビリテーションという言葉は、中世においては領主や教会から破門されたものが許されて復権することを意味した。（中略）このように、人間であることの権利、尊厳が何らかの理由で否定され、人間社会からはじき出されたものが復権するのがリハビリテーションである。したがって、いろいろな種類の障害のために、見た目も普通の人とは違っているし、一般の人々と同じような動きもできないためにまるで人間ではないかのように見下げられていた障害者が、一人の人間としての権利を主張し、それを回復するのがリハビリテーションということになる。裏がえしていえば、社会が障害者をそのようなものとして認めることである。リハビリテーションが福祉や慈善と異なるのは、障害者が何もできないことにひたすら注目し同情するという点に重点がおかれるのではなく、障害者が自ら人間としての価値を積極的に肯定し、社会もそれを尊重するところにあるのである。」[10]

　この砂原の論述は、リハビリテーションの普遍的な原理を適切に示したものである。

（3）問い直されるリハビリテーション

　リハビリテーションは前述の定義、そして実践から機能水準の改善・向上を目指している。すなわちADL（日常生活動作）の改善に中心的な目的をおいてきた。前述のリハビリテーションの定義においても、「機能的能力を可能な最高レベルに」「最も適した機能水準の達成を可能とする」等の目的を示している。そしてその目的に沿って、障害に適応した機能改善の研究・訓練、自助具等の開発、住環境の改善等の進歩は著しいものがあった。
　一方、脊髄損傷、脳血管障害等による重度の障害者、次第に身体機能が低下していく高齢者等のリハビリテーションは、新たな思想変革

の時代を迎えることになる。

　すなわち障害をもつ人の残存機能を生かすこと、生活環境を改善することの意義と目的は今日においても変わるものではないが、そのことにとらわれて、リハビリテーションの意義・目的を矮小化しているのではないかという反省があり、そこからQOL（quality of life；生活・人生の質）の課題が主張されたのである。

　リハビリテーションには統一した考え方があるわけではないが、簡潔にいえば「その人らしく生きる権利の回復」ということができる。その人らしくとは、人間としての尊厳が保持され、主体的な意思によって生活自立の計画・実践が行われる、という意味であろう。この思想に大きな影響を与えたのは、アメリカのIL運動である。この運動の歴史と思想について、砂原茂一は次のように述べている。

　　「リハビリテーションの先進国アメリカでIL（independent living――自立生活）運動が起こったのは1962年のことであった。イリノイオ大学の4人の重度障害学生が、大学から離れて設けられたナーシングホーム（収容施設）から大学に近い改造家屋に引っ越したのち、大学の建物を障害者の都合のいいように改造することを要求してその目的を達した。1972年にはカリフォルニア大学のバークレイ分校にILセンター（center of independent living――自立生活センター）が出現し、障害学生たち自身の手によって運営され、障害者のことは障害者がもっともよく知っている――あるいは障害者のことは障害者でなくてはならない、との思想のもとに活動を開始した。」[11]

　当時私は、障害者のリハビリテーションの世界に身をおいていたので、だいぶ後になってからであるが、IL運動の思想と活動を知り、ある意味での重い反省と有益な示唆を得たとの思いがあった。そして1983（昭和58）年、医師で人生中途で重度の障害（頸髄損傷）を担っ

ている永井昌夫の国際会議での講演は、人々に深い感銘を与えたのであった。その一部を紹介する。

　「特に私が問題だと思っていることは、障害者や社会の人がリハビリテーションという言葉を考えるときに、その意味がいつも消極的なことです。リハビリテーションというと望ましくない状態から抜け出し、以前の状態に戻ることだけと解釈しているようです。リハビリテーションは再び生きることではなく、新しく生きることではないでしょうか？（中略）別の言葉でいえば、リハビリテーションは、元のような生き方に戻ることでもなければ、人のまねをするために人の後を追うことでもありません。新しく生きるという所以です。たとえ前と同じパターンの生き方でも前より良い生き方ができないとはいいきれませんし、新しい物差しで前より良い生き方をすることも可能なのです。もちろんこれは単なるわがままや、自己主張をいっているのではありません。社会の尺度を忘れて社会と離れて障害者だけで暮らすことでもありません。私が言及したいことは、身体障害者であれ、健常者であれ、だれにでも環境喪失はあるわけで、障害者はたまたま身体障害が環境喪失の一つであったにすぎないということです。」[12]

　永井のいう「新しく生きる」という言葉は、自立の本質に迫るものである。人間は一生の間にはさまざまな出来事に遭遇する。老いや病、心身の障害は、悲哀、絶望、不安のなかに、それを克服する新たな生き方を見い出すのである。それは誰かから与えられたものではなく、自ら創り出したものである。このことは自己実現への道につながるのである。

8 自立と自己実現

　人生における自己実現は何かについて、その説明は多様である。ここでは老いや病、心身の障害を受容して、自己の能力を十分に活かして、新たな生き方を志向していく全人的な活動をいうとする。すなわち自己実現は、生活課題の解決の成果ではなく、課題克服の過程から学び、人間的に成長していく過程にある。このことについて、神谷美恵子は次のように論じている。

　「いずれにしても自己の課せられた苦悩をたえしのぶことによって、そのなかから何か自己の生にとってプラスになるものをつかみ得たならば、それはまったく独自な体験で、いわば自己の創造といえる。それは自己の心の世界をつくりかえ、価値体系を変革し、生存様式をまったく変えさせることもある。人は自己の精神の最も大きなよりどころとなるものを、自己の苦悩のなかから創り出しうるのである。知識や教養など、外から加えられたものとちがって、この内面からうまれたものこそいつまでもその人のものであって、何ものにも奪われることがない。」[13]

　この神谷の述べているところは、われわれに貴重な示唆を与えるものである。なぜなら神谷の論旨は、常に現実の姿の奥にある理念を探求しているからである。さらにいえば、ヒューマニズムの精神が底流にあることを感じるのである。
　さて自立と自己実現にかかわる課題認識について、二つの視点から見ることができる。一つは、苦悩と絶望のなかから、新たな生き方を見い出していくことである。そのうえで、個人の精神的自律の問題がある。同時に限りない愛情をもって支えてくれる家族の存在や、ともに悩み共感的態度をもつ介護職員等がいることが大切である。

二つには具体的な見通しをもった生活設計に関する情報、体験する機会の提供である。たとえば介護、住環境、教育、職業、ボランティア等の社会資源である。そしてこれらの情報を主体的に取り入れていくための支援が大切である。

注

1）尾高朝雄著『法の窮極に在るもの』有斐閣、1955 年、10 頁
2）C. ジャーメイン他著、小島蓉子編訳・著『エコロジカル・ソーシャルワーク』学苑社、1992 年、85 頁
3）M. ヴェーバー著、祇園寺信彦・祇園寺則夫訳『社会科学の方法』講談社、1994 年、22〜23 頁
4）澤瀉久敬著『個性について』第三文明社、1972 年、131〜132 頁
5）K. ヤスパース著、草薙正夫・信太正三共訳『実存開明』創文社、1964 年、233 頁
6）前出 5)、233 頁
7）中埜肇著『哲学的人間学』日本放送出版協会、1988 年、158 頁
8）E. H. エリクソン・J. M. エリクソン・H. Q. キヴニック著、朝長正徳・朝長梨枝子訳『老年期』みすず書房、1990 年、37 頁
9）前出 8)、335〜356 頁
10）砂原茂一著『リハビリテーション』岩波書店、1980 年、59〜60 頁
11）前出 10)、202 頁
12）永井昌夫「迫られる身体障害者の役割」第 7 回アジア・太平洋地域リハビリテーション会議講演、1983 年、クアラルンプール
13）神谷美恵子著『生きがいについて』みすず書房、1980 年、135 頁

第4章 介護福祉におけるニーズ論

1 介護福祉におけるニーズの意義

　介護福祉におけるニーズ（needs）とは、生活のうえで必要とされる事柄をいう。
　ニーズは多面的かつ複合的であるので、それをどのような概念をもって理解していくのかである。たとえば、老いや病、心身の障害等に起因する生活支障について、その生活状況を改善して、よりよい生活を目指すものである。その生活状況における対応は、いうまでもなく個人の問題であり、個人の責任において解決してきたものである。これは個人的ニーズといわれる。それは今日においても本質的に変わるところがない。ここでいう個人には、家族や近くに住む人々を含んでいる。
　しかし社会の構造や家族構成の変化によって、個人の力に限界が生じたときに、国家は人権保障の視点からニーズの充足を図るのである。これは社会的ニーズ（ソーシャルニーズ）といわれるものである。したがってニーズは、個人的ニーズと社会的ニーズの二つの意義を有している。
　個人的ニーズは、当然個人的な生活の特性から、ニーズの内容も変わってくる。何が必要とされるかは、個人の意思によるのである。介護福祉の視点からは、介護サービスを必要としているという意思の表明によってニーズが明らかになる。
　そのニーズの充足は国家的な法制度による、社会的ニーズとして充

足される。この制度・政策は国民の理解と同意が必要である。したがって国家は社会的ニーズの考え方を示す必要がある。このことについて、研究:「在宅福祉サービスの戦略」では、次のような概念の枠組みを示している。

　「すなわち社会的ニーズとは、『ある個人、あるいは地域社会が、一定の基準からみて乖離(かいり)の状態にあり、そしてその状態の回復・改善などを行う必要があると社会的に認められたもの』というぐらいの操作的な概念として捉えておくことにしたい。」[1]

この社会的ニーズの概念には、二つの重要な視点がある。一つは、乖離している（離れている）状態とは、どのようなことをいうのかである。二つには、社会的に認められていることの意義である。
　まず「乖離」している状態であるが、これは社会の価値基準と個人の生活水準という二つのメルクマール（指標）を比較考量することである。その社会の価値のなかの核心的な価値は次の①と②である。

① 人間の尊厳と自立が保持されているか、あるいは、よりよい方向性が志向されているかである

　これは理念価値であるから、抽象的な概念である。したがってこの理念が意味をもつのは、現実の生活状況との関係の比較考量においてである。たとえば虐待の状態あるいは、その危険性があるといった、地域で孤立した高齢者の生活状況等について、社会的な価値からの乖離があり、その状況の改善という社会的ニーズが生じるのである。

② 健康で文化的な生活が保障されているかの課題認識である

　これは社会的ニーズの視点からは、保健医療サービスに関する政策的なニーズがある。そして個人的ニーズでは、すでに述べてきたように健康の概念は広く多義的であるので、サービス利用者自身の健康に

関する項目のなかから主体的に選択するものがニーズとなる。介護サービスにおける生理的ニーズ、医療がかかわる健康のニーズ等の充足においては、ニーズの種別、内容等はかなり明確である。

しかし文化的ニーズを法制度および理論的に説明することは困難である。なぜならここでは、介護福祉に関する文化的ニーズを指すからである。少なくともいえることは、精神的な豊かさであり、生活の質にかかわるニーズである。

その例をあげる。①これまでの生活史（食事、言葉、ライフスタイル、趣味活動、服装など）の尊重のニーズ。②地域社会において活動、参加する機会のニーズ。③ノーマライゼーションの思想を基盤として地域環境を整えすべての人が誇りと信頼をもって生活できる生活上のニーズ、等である。

2 人間性から見たニーズの性質

社会的ニーズは、国家として、国民の生活を現代社会に求められる一定の生活水準に保持するうえで、社会的ニーズの充足という概念を用いている。一方、個人的ニーズは、個人がそれぞれもつ多様なニーズの充足という視点から、個人の意思を手がかりとして理解する。

それらのニーズ論の根底には、ヒューマニズムの思想がある。そもそもニーズの理解と充足の課題は、人間らしい生活の保持と向上の理念のうえに実践される。この人間の基本的なニーズについて、アブラハム・マズローの欲求階層論が有益な示唆を与えてくれている。デュアン・シュルツの解説によれば、次のように説明している。

「自己実現を達成するための先決条件は、階層の低い段階に位置を占めている四つの欲求、すなわち（一）生理的欲求、（二）安全欲求、（三）所属と愛情の欲求、（四）尊重の欲求を満足することであ

る。これらの欲求は、少なくとも部分的にせよ、自己実現が現れる以前に、この順序にしたがって満足されていなければならないのである。」[2]

　このマズローの階層論は、介護福祉の理論構成のうえで有益なものである。すなわち（一）～（四）の欲求（ここではニーズという）は介護サービス等によって満たされるものである。これに対して、最上位に位置づけられる自己実現のニーズは、自らが創り上げていくものであり、介護サービスの直接の対象とはならないものである。
　私はマズローのいう（一）～（四）のニーズを、欠乏のニーズという意味で、介護福祉では生活における必要条件の充足であるとする。そして自己実現のニーズは十分条件としての特性を有していると考えている。

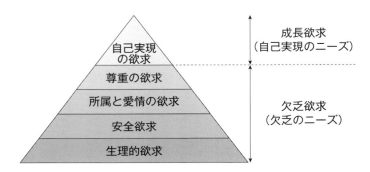

◆ マズローの欲求階層論

3 介護福祉における基本的ニーズの充足

　ここでマズローの欲求階層論があげている各項目について、介護福祉の理論と実践の視点から論じることにする。

（1）生理的ニーズ

　心身の障害と環境的要因等によって、食事、入浴、排泄等の生活支障が生じてくる。これは生理的なニーズである。

　このニーズの特性を見るには二つの視点がある。一つはホメオスタシス（homeostasis；生体恒常性）の維持、向上の視点である。ここでのニーズの充足は医療行為によるものではなく、生活の営みを通じての充足である。

　二つには生活支援技術においても、人間の尊厳と自立の価値を根底において支援することである。たとえば入浴介助の場合の個人のプライバシーが尊重されること、食事の場面で自立に向けた介助が配慮されること等である。

（2）安全のニーズ

　安全のニーズは、すべての人が、安全に社会生活を営むことのニーズである。マズローは生理的ニーズが満たされると、次に安全のニーズが生じるとしている。

　介護福祉の視点における安全のニーズには、安定の概念が含まれると考えられている。すべての人に安全で安定した生活のニーズがある。すなわち人が生活するうえで生じ得る危険や不安が避けられ、安全で豊かな生活環境を求めるニーズである。

　このニーズの背景を理解しておく必要がある。まずヒューマニズムに基づく人間の尊厳を保持・増進する社会の認識である。たとえば虐待や疎外の社会環境の改善である。次いでノーマライゼーションにおける社会環境の改善である。たとえば目の不自由な人の安全な行動の自由である。

（3）所属と愛情のニーズ

　所属と愛情のニーズは、介護福祉とどのような関係にあるのかが問われてくる。一体これらのニーズは、介護福祉の対象になり得るのかという素朴な疑問がある。これらニーズは、人間と社会の基本的なニーズと考えられ、以下で個別に考察する。

① 所属のニーズ

　人は家族のなかで育まれ社会関係において成長していく。その過程において、人は何らかの集団に所属している。その集団における役割を通して自己を成長させ、生きがいを獲得しているのである。この集団に所属する意義と役割は、ライフステージ（人生の段階）における特性を見る必要がある。

　ライフステージの児童期においては、家族の愛情のもとで、心身の豊かな成長・発達の段階をみるのである。障害のある児童は、十分な人格形成の機会が与えられなければならない。

　成年期においては、特にここでは、人生中途での病や障害のために、社会的所属の変化や社会的役割の喪失を克服していくための新たな人生設計が求められる。

　老年期においては、仕事の場の所属から離脱に伴う社会関係の喪失感、近親者や友人との別れなどに直面する。

　このような状況下において、人は自己の人生をどう問いかけるものであろうか。すなわち所属におけるニーズをどのように理解し支援していくかである。

　たとえば家族とともに生活していた高齢者Ａさんが脳卒中の後遺症で全介助の状態になった。家族の介護力に限界があるため特別養護老人ホームを利用することになった。ここでの施設という所属の変化は、Ａさんにとって新たな人生の課題（ニーズ）であり、どう乗り越

えるかは、Aさん自身の問題である。

　介護福祉の視点からは二つあげられる。一つは、家族の絆を大切にすることへの配慮と支援である。二つには、施設がAさんにとって、生理的ニーズが充足され、安全、安定のうえに豊かな人間関係が形成される場所となることである。

② **愛情のニーズ**

　ここでの「愛情」を介護福祉におけるヒューマニティ（humanity；人間性）から考える。

　このテーマを二つの視点から見る。一つは、人はある集団、すなわち家族や職場、施設等に所属し、それぞれの立場でその人らしく生きている。そこでの人間関係は、お互いに人間同士のヒューマニティを基盤として成り立っている。

　二つには、このヒューマニティは、たとえば障害をもつ人にとって、人間の尊厳が保持され自立への道が志向されるものでなければならない。この意義は、専門職としての知識や技術を超えたものである。

　三木清は専門職における人格の視点から次のように述べている。

　「人間は単に役割における人間ではなく、人格である。人格としての人間は単なる職能的な人間を超えたものである。専門家として通達することによって彼の人間はつくられたといっても、彼が専門家に止まっている限りそれは不可能である。そこには専門家でありながら専門を超えていることがなければならぬ。そのことは人間存在の超越性を示している。」[3]

　この三木のいうところは、専門職としての知識や技術は、人格のもとに統合されて活かされなければならないということである。いうならばヒューマニティの豊かさにおいて、はじめて専門性が姿を現すのである。

さて愛情のニーズとは、愛情の欠けた状態が課題となる。その判断は、個人の情が社会的なものに結びつくことで真の愛情といえるのである。このことは介護福祉の思想基盤となるヒューマニズムである。
　務台理作は次のように述べている。

　「ふつうヒューマニズムとは、人間的なことがらに共感する精神だといわれます。たしかに人間にかんすることがらを他人ごととせずに、大切な自分に背負い、自分に受けとめて、それに共感する精神は、人と人とをつなぐ上に大切な役割をするものと思われます。人間的なものが不当にまげられたり、押しひしがれたりした場合に、これを身近に共感し、それとかかわりをもつことがヒューマニズムの精神でありましょう。」[4]

　この務台のいうところは、平易な言葉のなかに、人間の基本的なニーズをよく説明している。ヒューマニズムは思想であるが、それが社会の生活実感に裏打ちされて、その考えの妥当性が実証されるのである。

(4) 尊重のニーズ

　人は他者から認めてもらいたいと思う。そしてそのことは偶然ではなく、社会の人々の意識に自然の情としての風土になってほしいのである。それは自己を自覚する最も確かな方法であり、かつ、生きていくうえで欠かすことのできないものである。人は社会のなかで生きており、自己の存在は、社会のなかから生まれてくるものである。「私は生きているだけです」との言葉がある。それは「よりよく生きたいが、その道筋が見えない」という意味であろう。
　絶望や不安は、社会からの疎外感により生じることがある。所属や愛情の喪失感は、言い換えれば人々からの尊重のまなざしの喪失感でもある。人間尊重は、存在の価値から導かれるといわれるが、その地

位や具体的な評価、すなわち社会的な地位や役割から生じるものではない。たとえば、高齢者や重度の障害があって生活に支障を生じている状況下においても、主体的に生活に取り組み、その人らしく生きる姿に共感をもってもらうことで尊重されるのである。それはかけがえのない個別性の尊重である。

　このことについて、レイモンド・プラントは、二つの視点から論じている。

　「ここで問題となる人間尊重とは、ある特定社会の慣習的な役割構造のなかで義務的な行為を果たしている人（たとえば農夫、牧師など）として尊重するのではなく、一人の人間＜として＞尊重するということである。人間尊重という観念は、人間の役割遂行によってではなく、一人の＜人間＞として尊重される権利があることを主張しているのである。」[5] そして二つには、「これら三つの個別化、受容、自己決定の概念は、実際には人間尊重という概念から演繹されたものである。そしてそれぞれの概念は、人間尊重という概念の一部を構成している。」[6]

　ここにあげた人間尊重に関する論説は、簡明で的確な内容を有している。尊重のニーズは、単なる概念の解釈にとどまるのではなく、さまざまな人間の生き方を包括的にとらえて社会の理念価値としての道標となることを示している。

　さらに介護福祉についていえば、一人ひとりの人間の個性を大切にして、その人の主体的な決定を受け止め、必要な支援を行うことである。そしてそれぞれの個別の生活の姿から、そこに共通する人間尊重へ集約して概念化（帰納）するのである。

（5）自己実現のニーズ

　これまで述べてきた各階層のニーズの充足のうえに、自己実現のニーズがある。
　自己実現とは何かである。その説明は多様である。いくつかを簡潔に表現すれば、その人らしい生き方、主体的な生き方、1回限りの人生を十分に生きること等々である。
　ここでは澤瀉久敬の論説から考える。

　「ここに一つの絵がある。その絵には並木のある歩道が描かれている。それは我々が学校へいく路で見慣れた景色である。しかし、その絵は独創的な美しさをもっている。何がその絵に独創性を与えているのであろうか。いま我々はそのような歩道の景色は毎日見慣れたものであると言った。けれども果たしてそのような歩道の景色は平凡などこにでもあるものであろうか。実際は、一つの歩道の一箇所についても同じものは決して二度とない筈である。朝と夕とは違っているし、晴れた日と雨の夜でも異なっている。春と秋では同じではない。殊に並木の枝や葉や、それらが歩道に投げかける影は、その場限りのものである。ましてその時に行き違う人々そうしてその人たちの足どりや眼ざしを注意するならば、その歩道のながめは、その時、その場、限りのものである。」[7]

　この澤瀉の論旨は、フランス哲学の独創性について論じたものであるが、自己実現について、貴重な示唆を与えるものである。しかし、自己実現という概念は理解できたとしても、日々の生活において、どう実践するかということになると、ことはそう簡単ではない。それは介護とか利用者といったことの前に、以下のような一人の人間として日常生活のなかから見い出していくものかもしれない。

① 毎日が新しい、そう感じるようになりたい。毎日同じ人に会っても、何か新しいと感じる。それは人のやさしさ、気づかい、誠実さである。
② ふだん見慣れたものにも意味があると考える。季節の移り変わりの風景、いつもの店でのコーヒーの味、それぞれが、ただ純粋に存在している。なにげなく生きることの意味である。
③ 過去は昔のことではなく、過去は現在に生きている。人生は過ぎ去ったことのすべてに価値がある。ほろ苦い悔恨の過去もあれば、嬉しさに飛びあがったこともある。それが現在に生きていることの力になる。
④ 未知の世界に関心をもつ。介護福祉について、利用者が「毎日が新しい」と思うことのためには、まず介護職員が日々新鮮な気持ちになる必要がある。毎日、実践を通じて学び成長していく自分を発見することは、まさに自己実現である。

4 ニーズの理解の過程

（1）ニーズを理解するための基本的態度

　生活上のニーズの理解の第一の手掛かりは、利用者が自己のニーズを表明することから始まる。そのためには、利用者が自由闊達な精神状態にあることが望まれる。しかし、生活支援を求めている人は、何らかの生活上の苦悩、不安、困惑等の状況下にあることも少なくない。そこで介護職員等には、どのようなコミュニケーションが求められているかである。
　まず基本的態度として、真摯に相手の話を傾聴し、共感的な態度で理解することが必要である。そのことによって、利用者は自己の思い

や希望を聴いてくれる人がいると感じ、そこから自由な気持ちになったり、自分は孤立していないと思う。このような相互関係のなかで、相手のニーズを理解できるようにするには、自己の内心が相手の気持ちと共有できることが常に求められてくる。実際には、何をどのようにしたら人の気持ちを理解できるのかと思う。しかしよい介護をするためには、とにかくよく聴いて、話し合ってみよう。このような真摯な態度が、次第に利用者との信頼関係を形成するのである。

マルティン・ブーバーの次の言葉が意味をもってくる。

「人間が言葉のうちに宿り、そこから語りかけるからである。すべての言語がそうであり、すべての精神がそうである。精神は＜われ＞のなかにあるものはなく、＜われ＞と＜なんじ＞の間にある。精神は身体を流れる血液のようなものではなく、あなたが呼吸する空気のようなものである。人間は＜なんじ＞に応答できるとき、精神のなかに生きる。全存在をもって、＜なんじ＞との関係に入っていくとき、人間は精神のなかに生きることができる。」[8]

（2）ニーズは常に明確であるか

ニーズの理解は、介護実践にとって核心的な課題である。なぜなら介護サービスは、利用者の意向（ニーズ）に沿って提供されるからである。しかし現実は利用者のニーズが常に明確に表明されているわけではない。利用者のニーズは主観的なニーズであり、表明されない場

合がある。

たとえば重度の認知症をもつ高齢者のニーズである。この場合のニーズの理解・判断には三つの視点が考えられる。

① マズローのいう生理的ニーズ、安全のニーズ、尊重のニーズ等の社会の価値基準から見て、適切なニーズを判断の資料とする。
② 利用者の心身の状態、平素の生活状況、趣味・関心のあるものの重ね合わせから判断する。
③ 特に重要なことは、介護職員、家族等の利用者と密接な関係にある人の全人的判断である。

これらの関係者のニーズの理解は、あくまで推測に基づくものであるから、ニーズの判断の妥当性は、常に吟味、検証されなければならない。このことは第9章で詳しく述べることにする。

（3）ニーズは生の表現である

生活上のニーズは、生きていること、そしてよりよく生きることの基盤のうえにニーズがある。したがって素朴な生活感情がニーズの原点である。ここで再び、生きるとは何かを考えてみる。

生活は、人間の主体的な生の表現である。そこには人間の歴史、文化、習慣、個性などが渾然一体となっている生活様式がある。個人の生活困難から生じるニーズは特別のものではない。あえていえば生活のなかでどこに重点をおくかの主体性の違いであろう。そして個人の生活上のニーズの充足は、市民社会が共感的に理解し得るものである。すなわち社会的ニーズとして国民的な了解のもとにニーズ充足のための国家的な制度、施策が用意される。

この個人的ニーズと社会的ニーズの統合的理解は二つの視点をエビデンス（根拠）としている。一つはニーズの決定については、利用者の自己決定を尊重することである。このことは、社会福祉の基本法である社会福祉法に示されている（第3条）。二つには、わが国の憲法第

13条の基本的人権、第25条の生存権の条項による人権保障の理念に基づいていることである。

（4）生活上のニーズは変化する

　生活上のニーズは変化する。それは環境的な変化、あるいは人格的な変化によるものであろう。その核心的な視点は、ニーズは静態的に一つの地点にとどまっているのではなく常に動態的に、未来志向性をもっているということである。すなわち生活上のニーズは、現在において表明されているが、それは過去からの続きの課題でもある。あるいは未来志向から生じてくる場合もある。

　このようにいうと過去はすでに起こってしまった出来事であるし、未来はまだやってこないことと判断される。したがって、ニーズの判断は、あくまでも現時点のエビデンスに基づくものではないかとの反論があり得る。ここでアンリ・ベルクソンの論説をあげる。

　　「われわれすべてが、内部から、つまり単なる分析によらずに直観によって捉える実在が少なくとも一つはある。それは時間を通じて流れている姿における、われわれ自身の自我である。持続する自我である。」9）

　このベルクソンの思想をニーズにあてはめて考えてみる。そこではこれまでの過去を截然と切り離してみることはできない。それは相互浸透的に人格的な態度を形成しているのである。

　この意味を介護保険制度における要介護認定制度のアセスメントの例で見てみる。アセスメントは生活のある断面を停止して見るものである。それは分析的な方法の特性である。この方法による結果は他者が客観的に共有できるものである。これは状況判断の客観性という意味で制度的な要請に適する。

5 事例からニーズを考える

事例

　岸田さん（70歳：男性）は、生まれ故郷を出て、都会で小さな店を営んでいた。1年前に脳卒中で倒れ入院した。幸い命はとりとめたが、右片麻痺、言語障害の後遺症がある。岸田さんの故郷は、海辺の温暖な街である。そこには親の残してくれた家がある。妻や友人は、日常生活も不自由であるし、商売は息子に任せて故郷へ帰って妻とゆっくり過ごしたらと助言した。しかし岸田さんは、「いまさら車いすで故郷には帰れない。みじめな思いをしたくない」と言う。

考察

① 岸田さんの生活の不自由さから生じるニーズの充足である。これは食事、入浴、排泄等のいわゆる生理的ニーズの充足である。生活状況等を項目的に分析して評価できる意味で客観的なエビデンスに基づくニーズである。
② これからの生活のありようのニーズである。岸田さんは生まれ故郷には帰りたくないと言う。その理由は、車いすを使用している姿がみじめであるとの思いである。岸田さんの心は、揺れ動く複雑な思いであろうと推測される。
③ 岸田さんのニーズの理解を、全人的に理解する。すなわち岸田さんの意思の是非をいうのではない。人は過去・現在・未来へとつながっている。かつてのわが国の社会の意識構造が、障害をもつ人への偏見や差別感などに影響を受けてきたことは十分あり得るのである。

まとめとして、介護福祉の専門性には、個人的ニーズの充足は一義的に重要である。

しかし常に留意すべきことは、ニーズ充足の基盤は、そこに暮らす人々の、人権尊重の意識であり、かつヒューマニズムのまなざしに満ちた新たな地域文化の形成に向けての介護職員の意識であるということである。

6 時間性をもつニーズ

(1) 岸田さんの事例から考える

ニーズは時間性をもつ。すなわち時間のなかで変化し、発展していく可能性をもっているのである。

事例の岸田さんの場合、岸田さんの意向を尊重することと、岸田さんのニーズの変化の可能性は、決して矛盾するものではない。むしろそれが通常の人間の姿である。車いすの使用はみじめであるという認識と美しい海辺でゆっくり暮らすという話は、それが時間の流れのなかで調和され岸田さんの自己決定へとつながるのである。

ここで介護職員あるいはケアマネジャーは、さまざまな視点をふまえて、いかに支援するかが課題となる。この課題の解決の方向性は、最初から決定されているものではない。人はさまざまな社会環境のもとで自己意識が形成されている。たとえば高齢者や障害をもつ人の認識、態度もそうである。そして現代社会のパラダイムシフト（思想的変革）における人間の尊厳と自立の潮流は、個人の意識形成の変革を求めているのである。

このことは岸田さんが、生活における介護等サービスを誇りと自尊心を保持して利用できることにつながるのである。それは、人間社会

の普遍的な課題であると同時に岸田さんの生き方という具体的な問題にかかわってくる。この問題は理念価値であるから介護サービスの対象ではない。しかし岸田さんの生活課題は現実価値であるから、岸田さんの主体的な自己決定を尊重するのである。そして理念価値は、よりよく生きるという意味で現実に内在する。すなわち具体的な生活支援を通じ、岸田さんらしい生活の可能性を時間とともに形成していくのである。

（2）時間性とは何か

　これまで述べてきたことから、時間性とは何かを問い直すことになる。すなわち介護福祉が、時間という要素を重視していることの意味である。
　ここで時間という概念については、介護福祉では重要であるといわれながら、これまで明確な説明に出会っていないのである。ここにあげた、ベルクソンの論説は有益な示唆を与えてくれている。

　「では時間はいったい何をなしうるのか単純な良識はこう答えた。時間とはいっさいのものが一挙に与えられることを妨げることである、と。時間は遅延させる、というよりはむしろ時間とは遅延なのである。それゆえ時間とは仕上げの仕事でなければならない。とすれば、時間とは創造と選択の乗り物ではなかろうか。時間の実在は、事物のうちに非決定性が存することを証するものではなかろうか。」[10]

　つまりニーズとは、時間のプロセスのなかで、ある状況を選択していくことで自分らしい生活の創造へ向かうことなのである。

1）全国社会福祉協議会編『在宅福祉サービスの戦略』全国社会福祉協議会、1979 年、20 頁
2）D. シュルツ著、上田吉一監訳、中西信男・古市裕一共訳『健康な人格』、川島書店、1993 年、106 頁
3）三木清著『哲学入門』岩波書店、1940 年、194 頁
4）務台理作著『現代のヒューマニズム』岩波書店、1973 年、14 頁
5）R. プラント著、丸木恵祐・加茂陽訳『ケースワークの思想』世界思想社、1980 年、17 頁
6）前出 5）、16 頁
7）澤瀉久敬著『個性について』第三文明社、1972 年、162 頁
8）M. ブーバー著、植田重雄訳『我と汝・対話』岩波書店、1979 年、50 頁
9）H. ベルグソン著、矢内原伊作訳『ベルグソン全集⑦ 思想と動くもの』白水社、2001 年、207 頁
10）前出 9）、117 頁

第5章 人間理解と関係性

1 人間理解の基本概念

　人を理解するとは、どのような意味を有するものであろうか。一般に目的がなくて人を理解することはない。ここでの目的は介護福祉における生活支援のためである。すなわち介護福祉は、介護職員と介護サービス利用者（以下、利用者という）との間の人間関係を基盤として行われる。そこでの人間関係は、生活支援の質にかかわってくる。
　それでは良質な人間関係とはどのような意味なのかを示す必要がある。それは一般的かつ平均的な理解ではない、生活支援を必要としている人の生活における総合的な「生」の特性の理解からである。それは精神的、文化的、歴史的な生活構造における人間的な表現からの理解である。
　このことは一義的な因果関係のように原因と結果という直線的かつ数量的な指標をもって理解するものではない。たとえば脳卒中による後遺症で右片麻痺があり、生活に支障を生じている状況は、人間理解のための状況要素の一つである。矛盾した言い方になるが、かならずしも明らかでないものをありのまま受け止めて理解することである。
　以上から、物事の理解には、二つの視点がもたれるといえる。
　一つは客観的な因果関係から導かれる理解である。これは誰もが認めざるを得ない明白な「事実」である。この理解は、ある物事を対象とした分析・計量・数的実証によるものである。
　二つには、主観的な理解である。これはある状況下に暮らしている

人の全人的理解である。共感や洞察といった相互理解によるものである。

この二つの理解の方法は、どちらに優位性をもたせるかの話ではない。介護福祉において、何が課題となっているかによって比重のおき方が変わってくるのである。ただ介護福祉の専門性のエビデンス（根拠）は、客観的理解に重点があり、人間関係における主観的な理解は、専門性における正当な地位を与えられていなかったという事情が見受けられる。

これは実践のうえで人間理解を軽視してきたわけではない。ただ介護福祉の専門性のエビデンスとなる考え方、方法について、理論と実践の統合のうえで、十分に説得があるものとなっていなかったからであろう。

2 人間理解の主観性と客観性

人間理解の主観性と客観性を、現実の人と人との関係から解きほぐしてみる。理解とは相互にわかり合えることである。介護職員が一方的に相手をわかることではない。つまり介護職員Ａさんが利用者Ｂさんをわかりたいということは、Ｂさんにとってわかってほしいことでもある。まず介護職員Ａさんは利用者Ｂさんの気持ちや態度を受け止めていくのである。

もっともＢさん自身が何をわかってほしいのか自覚しているとは限らないであろう。しかしそこに人間の本質的、潜在的なニーズが存在しているのである。そのような理解の原点は、私があなたを理解するという、一人の人間の主観なのである。そして相手も主観的な認識から対応しているのである。

このわかり合える関係とは、それぞれの自らの生の営みが、相手の生という共通の土壌のもとに成り立っていることである。したがって

相手を対象化して客観的に理解するものではない。

土居健郎は人間理解と関係性について、次のように論じている。

「大体われわれはある人間を理解しようと思えば、その相手となんらかの人間的関係に入らなければならない。（中略）もし敢えてすべての関係を排して人間を理解しようと思えば、相手を物体視する他はなくなるのである。このことは実は従来の精神科学的診察が、ともすれば非人間的な雰囲気を漂わせていた原因であると考えられる。というのは問診において精神症状の有無を確かめるのは、相手の異常心理に目を光らす試験官と被験者の関係を前提としている。この関係自体あまり人間的とは言い難いものだが、更にまたかくして得られた所見をもっぱら『科学的』客観的に、ということは人間関係から離れて理解説明しようとするならば、そこには甚だしく非人間的なものとならざるを得ないのである。」[1]

この論説は、精神科臨床にかかわるものであるが、介護福祉における人間関係の原点を理解するうえで有益である。まず人間関係の形成は、相手を理解することである。その理解とは、相手を対象化して、分析、診断・評価・判断といった方法による、科学的、客観的な理解である。すなわち理解が、共通となるエビデンスを示すことで妥当性を示すものであるとするならば、それは非人間的ではないかというものである。

そこで人間理解が必要な理由を再考してみる。わかり合えるという相互関係とは、一人の人間の主観が相手の主観と共有できる土壌を見い出すことである。それはお互いにどこかでわかり合える根源的なものがあるのではないかという、同じ世界に生まれ生活基盤を同じくし、共通の価値を有していることからの主観の共有性である。

スティーヴン・ヴァイトクスは、次のように論じている。

「われわれがいかに多く読書や出版物からどれほど多くの知識を獲得したとしても、私がそこに生まれ落ち、それによって動き、それによって死ぬであろう社会的自然のなかの私の身体として位置づけられているかぎり、他者や自然についての超越の経験を根絶することのいかなる種類の知もありえないであろう。間主観性の教えるところによれば、この経験は、われわれの生に内在している信念を呼び起こし、希望と恐怖をもたらすものであり、そして一般に、信念は恒常的に保たれるがために、過去において類型的に善であったものは、未来においてもそうであろうということになるのである。」2)

　すなわちこの世界におけるわれわれの相互理解は、知識体系から客観的に知られるものではなく、生活経験からの主観的な情緒面が大きく影響してくるのである。もともと生活経験からの情緒は、人間が生まれてからの、固有の生活の歴史、文化、地域風土のもとに育てられ、その個別性の彩りのなかで、それぞれの主観が形成されてきたのである。それぞれの個別性をもった自己と他者の関係は、同じ住民意識、連帯意識、価値観の共同性のもとに相互理解が形成される。
　この住民意識の共同性について、ヴィルヘルム・ディルタイは次のように論じている。

　「諸個人の間に存するわれわれの共同性が保障されるのは、相互の理解によってである。諸個人は共同性によってたがいに結びついているが、そこでは同じ団体に属することや連関、同質性、類似などが相互に結合している。連関と同質性という同じ関連は人間世界のあらゆる分野にくまなく及んでいる。このような共同性は同一の理性、感情生活における共感、当為の意識に伴う義務と権利の相互の結びつきとなって現われる。」3)

このように見てくると、人間理解の課題は、われわれの住む生活世界の彩りの理解という共通基盤の解明である。それには、まず介護職員の利用者に対する関係性からの直観的、情緒的な理解が必要である。

　介護職員の利用者理解は、何の脈絡もなく、ただ理解さえすればよしとするのではない。介護の質をよいものとするための人間理解である。そのような理解は客観的であるかについて少々複雑な理論なので分けて考察する。

① 介護職員の人間理解は主観である。相手のことをわかりたい、そうではないかとの思いや推察である。これは介護職員が利用者と傾聴、共感、受容的な態度で話し合うことからの全人的な理解である。

② 利用者の疾病、心身の障害の種類・程度、生活の状況等について、検査、測定、診断、外形的観察等によって得られたもので分析系理解である。これを客観的情報という。

③ 全人的理解は、利用者が人格的に変容し、成長していく過程である。介護職員は時間性のなかでかかわっていく。たとえば障害を受容して新たに生きる意欲への信頼である。

④ 分析的理解は、ある時点での客観的情報からの理解である。つまり動かないものである。ある時点での心身の状態、生活支障の状況等である。

⑤ 全人的理解からの主観的情報は、利用者、家族、生活支援の関係等の相互理解によって共通の認識が形成される。すなわち主観の共有化による客観性である。

⑥ 全人的理解も分析的理解も、人間理解のための方法である。その共通基盤は人間の尊厳と自立、健康で文化的な生活の価値が存在している。

3 人間理解における自己覚知の課題

　自己覚知とは、意識的に自分自身を理解することである。それぞれ人間は個性があり、さまざまな事柄に対する考え方や態度がある。しかし、介護福祉の専門職員として人間関係にかかわる側から理解していくので、そこに自己開示の傾向を自覚することが必要である。

　ここでは施設で働く一人の職員の自己覚知の例をあげて考察する。

事例1

　本田さん（28歳：男性）は、ベーチェット病（難病）のため人生中途で失明した。会社員でこれからというときの挫折である。その後本田さんは、中途失明者のための施設に入所した。そこで生活訓練と職業訓練（あんま・はり・きゅう）を受けるためであった。

　しばらくして本田さんは、夜になると外出して酒を飲んで門限を過ぎてから帰所することがしばしばみられた。K指導員が当直の夜、本田さんが酒を飲んで夜遅く帰ってきた。本田さんは「すみません」と言っていたが、K指導員は（疲れていたのか）かなり厳しい口調で門限違反を注意した。

　それから2人の間で次のような会話があった。本田さんは「K指導員さん、あなたは人生中途で目が見えなくなった人の気持ちがわかりますか」と言った。K指導員は、予期しない問いに、ぐっと言葉に詰まった。そして「私は、経験がないからわかりません。しかし、わかろうと努力はしているつもりです」と答えた。本田さんは「この施設で一緒にいますから、そこはわかります」と話した。

考 察

① ここでの事例のように、自己覚知は介護福祉の専門性において、人間理解、人間関係の形成のうえで重要な概念であるが、定義的な説明はあるとしても実践の場で論じられることはあまりないようである。実践から理論への検証が必要である。

② 自己覚知は、自己の表現や態度の傾向の理解といっても、それはどこから由来するものであるかが問われてくる。この事例は、ともすれば施設の管理運営のほうに関心があって、障害をもつ人の心情に共感的な態度がどうであったかが反省されるのである。

③ 専門職の業務は科学的思考と方法によるといわれる。その結果、前述の分析的理解が重視されて、全人的理解への関心が薄れていはしないかが吟味、検証されるべきである。もともと自己覚知は、全人的理解に深くかかわっているのである。したがって全人的理解のためには、平素から自分の思想形成について内省し、態度に示す努力が求められる。

④ 全人的理解は、相手からこのことを理解してほしいと明確な形でやってくるわけではなく、あくまでも理解する人の主観なのである。つまり私は利用者をこう理解しているということを意味する。それでは理解している自分は、どのような判断基準をもっているのかが問われることになる。すなわち自己覚知の問題であり、平素から人間関係の基軸となる考え方を養うのである。たとえば人権思想を知識として学んだことを、いかに実践の場で生かすかである。自己覚知は、理論と実践の統合であり、それは人格的な深みにつながるのである。

4 共感的理解について

　介護福祉における共感的理解は、人間関係形成の骨格となる命題である。そのエビデンスは二つである。
　一つは、共感（または感情移入）は、介護職員が利用者の内的世界を、外側からの観察によるのではなく、あたかも自分のことのように感じることである。そのことによって、少なくとも利用者の感情や態度を共有する基盤が形成される。それは人間理解の基礎的要件である。
　二つには、共感的理解によって、生活支援関係の精神的な絆がつくられ、精神的な支え合いのもとに継続されていくことにある。
　共感または感情移入について、カール・ロージァズは次のように語っている。

　「カウンセラーは、クライエントの私的な世界の正確な感情移入的理解を経験し、その理解したもののうちいくつかの意味のある点を伝えることができるということである。クライエントの内的な世界の私的な個人的意味を、あなた自身のもののように感じながら、決して"～のような"という性質を失わないようにすること、これが共感または感情移入（empathy）である。」[4]

　このロージァズの論旨を次の事例から考える。

事例2

　　君島さん（38歳：男性）は、障害者の施設で相談員をしていた。休みの日には、勉強のため、ある相談機関で相談の手伝いをしていた。そこでの責任者の松下さんは、戦争で失明した。戦後、大学で学び、

現在は失明者のための相談を行っていた。ある日、松下さんは、君島さんに、こんな相談があったと話をしてくれた。「梅田さん（17歳：女性）は、中学の終わり頃から視野が狭くなり、視力が低下してきた。次第に暗黒の世界が迫ってくるようであった。耐えられない不安と絶望が襲ってきた。『先生、だんだん目が見えなくなっていくのです。怖いんです、悲しくて、悲しくて……』と電話の向こうで泣かれているのです。君島さん、あなたなら何をお話されますか」。君島さんは返事に困った。

松下さんは、「僕にもわかりません、ただ受話器を握りしめて『悲しいですね、泣いてください、涙で悲しみを流してください、今の涙は珠玉の涙です』と心に問いかけながら話を聴いていたのです」。この話を君島さんはじっと聞いているだけだった。

考察

君島さんの心には今でも、松下さんが悲しみや絶望の涙を「珠玉の涙」といった言葉の意味が、何か漠然としたものではあるが、人間の生きていく姿の美しさを共感的に深く表現したものとして刻まれている。

共感的理解とは人間関係を形成する要因であること、また相手との関係性が見えてくることである。共感的理解のためにはその人の内的世界に身をおいてみることが必要である。この事例から人はさまざまな苦難に直面したときに、涙を流す場がほしいと思ったり、寄り添う人が必要であると思ったりと、一人で耐えるほど強靭ではないのである。この経験により、苦難を乗り越える人格的成長と信頼が存在する。

ここで共感的理解を含むカウンセラーの基本的態度について、ロージャズの論説をあげておく。

「私が、基本的なものとして選択したのは次のものである。セラ

ピストが真実であること、純粋であること；一致していること；クライエントの感情や個人的意味を、敏感に、共感的に、理解すること。クライエントを、暖かく、受容的に尊重すること；この肯定的配慮が無条件であること。」[5]

　このことから考えられる人間理解における関係性とは、利用者を共感的に包むことである。そしてそれが地域の人々の共感的な土壌としての地域文化の形成につながることが求められる。このことは利用者が自らこの生活世界を包むことである。このように関係性は、お互いに包み、包まれる関係で成り立っていくのである。

5　人間理解は無形の姿を見ること

　人間理解は、一人ひとり個性があり、その個性は一つにとどまらず、常に可能性、変容性を豊かに有しているととらえることができる。人ははじめから定義づけられてはいなく、自ら何かを志向することで創造されていく。これは実存主義的な考え方である。
　こうした人間の変化や創造は、過去から現在そして未来という時間性の過程において形成され、その人らしく生きてきたという無形の姿として示される。
　また人間理解は、個人の経験に基づき、人間の本質を深く考えることでもある。その本質が人間の生きる姿に普遍的なエビデンスを示すのである。たとえば老いや病、心身の障害等に起因して生活困難な状況となっても、新たな意味をもつ生き方を志向して自己を創造したいというのが人間の本質である。
　このことを事例をもとに考察する。

事例3

　田中さん（72歳：男性）は、2年前に脳卒中で倒れた。後遺症は右片麻痺と軽い言語障害がある。妻（71歳）と娘夫婦の4人家族で、傍から見るとごく普通の恵まれた生活である。家業は造園業で、田中さんは、今でも手足が回復したら仕事をしてみたいとの思いを捨て切れないでいる。しかし家族は、「お父さん、ずいぶん働いたのだから、気ままに療養してください」と言って近くのデイサービスセンターを利用する契約をした。それで週2回利用している。しばらくして田中さんは、スタッフに何かこのごろ寂しくなると訴える。「妻は『センターへ通ってよくなればね、頑張ってよ』と言う。娘夫婦は、『無理しなくていいよ』と言ってくれる。家族の気持ちはわかるが、私の本当の気持ちをわかってもらうのは無理なことでしょうか」と、話をする。

考察

① 老年期における生き方は、難しい課題である。病によって体が不自由になったことで、これまでの生活様式の新たな対応が問われてくる。事例では外形的な不自由さ、介護サービスの利用といった事柄の理解は容易である。一方で、形のない、内的な世界の理解は、共感、洞察といった関係性が求められる。
② 田中さんへの共感の背景には、実存的な思考の深みが求められる。それは現在のおかれた諸条件のなかで、人間の諸ジレンマのなかから、田中さんらしい生活を実現していくことである。
③ 田中さんの気持ちを推測してみる。田中さんは、家族に不満があるわけではない。日々の生活や、デイサービスセンターで現在の状態が解決するわけでもないだろうが、毎日頑張って過ごしている。家族にはその姿を見て、結果を期待するのではなく、今の自分を、そのままの姿を尊敬してほしいと思っているのではないかと、形な

きもののなかに形を見て推測してみるのである。

6 信頼関係の形成

(1) 信頼関係の形成

　信頼関係の形成は、ラポール（rapport）の形成ともいわれる。これは介護福祉における人間関係形成の基本的な課題であり、理論的にも実践のうえでもかなり難しい課題である。それは「わたし」と「あなた」という二人の相互関係により形成されるものだからである。そこで信頼関係の形成には介護職員という専門職の立場に立って考えることから出立する。簡潔にいえば、＜信頼される人格者たれ＞ということである。

　介護関係における信頼関係の形成は、介護職員自身の課題と相手方への配慮の双方向性である。たとえば相手方を理解するということは、自己を理解することでもある。それは相手方の情報をどう受け止めるかはその人自身の問題だからである。その情報が外形的事実（脳卒中の後遺症などで生活に支障がある）の場合には理解が容易である。しかしその人の内心（絶望、悲哀など）についての理解はしばしば困難になる。その人の状況をどう理解し受け止めるかは信頼関係の形成の基本的な要素となる。

　この課題について、共感、洞察についての理論的先駆者であるゴードン・ハミルトンは次のように論じている。

　「洞察と自己意識性とが関係を倫理的に利用する場合の前提条件である。すなわち、他人を受け容れるためには自分自身を知ることなのである。自己または自己の感情をみつめていく能力こそ、他人

の感情を理解し得るために重要なのである。」6）

　このことは、介護福祉における介護職員の利用者との信頼関係では、まずは自分自身を理解することが重要であることを意味している。それは、利用者の自由な感情、考え方の理解が介護職員の何らかのバイアス（偏見、先入観）によって妨げられないようにすることである。介護職員は利用者の理解に当たってはこれまでの生育、生活歴があり、これから生じる個性を十分に自覚しなければならない。

（2）共感的理解

　信頼関係の形成には、共感的理解が重要である。このことに関しての、アンリ・ベルクソンの論説は有益である。

　「記号や視点は私をその人物の外に置き、その人物について、それとほかの人物の共通な点、その人物に固有に属していない点を与えるのである。ところがその人物の固有な点、その本質を成している点は、定義上内的なものであるから外から認めることはできないし、ほかのすべてのものと共通の尺度がないから、記号によって言い表すことができない。描写、記述、分析によるかぎり、私はここで相対のうちにとどまる。ただその人物そのものとの一致が私に絶対を与える。」7）

　ベルクソンのいう相対とは、その人を外側から分析、解釈、評価することで、その人自身のもつ固有性を理解することは相対的な理解である。すなわち比較において、そうであるとの理解である。
　それでは絶対とは何かである。そして私は何をなすべきかである。このことについてベルクソンは次のように論じている。

「私がここで直観と呼ぶのは、対象の内部に身を移すための同感のことで、それによってわれわれはその物の独特な、したがって表現できないところと一致するのである。ところが分析というはたらきは、対象を既知の、すなわち対象とほかの物とに共通な要素に帰するのである。」8)

　このように信頼関係の形成は、相互間の共感的理解である。介護職員の自己理解は、同時に他者理解へとつながる。このことは利用者にとって自分に対して真摯に向き合ってわかってくれる人がいる、あるいはわかろうと努めている人がいる、ということである。この共感的交流が信頼関係の基盤となる。

（3）信頼関係の形成過程

　信頼関係は、どのような場面でどのような態度から形成されていくものであるのか。土居健郎は次のように論じている。

　「いま気持ちを汲むといったのは、ふつう共感（empathy）と呼ばれている心の持ち方のことである（中略）もちろん言語化自体がいけないのではない。早晩言語化できるように助けるのが治療者の務めではあるが、しかしその前に、まず言語化できないでいる患者の心情をこちらも言語化なしに沈黙の中に察するのが、気持ちを汲むということの真義であると思う。もちろんこのことは、言うほどやさしくはない。同情の押し売りという言葉があるが、気持ちを汲むことも下手をすると押し売りになりやすい。そのようにならないためには、苦しみ恐れている人間に対する尊敬の念がまず何よりも必要であると考えられるのである。」9)

　この土居の論説は、精神科医と患者の関係を論じたものであるが、

人間関係の形成の基本をよく説いており有益である。特に人間関係の形成における介護福祉の専門性は、医療の立場からの論説は一つのエビデンスを示すものである。

さて土居の言う医師が患者を尊敬するという思いを、介護福祉の世界でどう考え、表現するかは、基本的には人間の生きる力への尊敬であろう。それは場面によってさまざまに訴えるものがある。ここで二つの事例から信頼、尊敬、共感等の課題を考える。

事例4

　岡野さん（17歳：女性）は、中学生のときにスポーツ事故で脊髄損傷（頸髄損傷）の重度の障害を負った。四肢麻痺で全介助の生活である。病院退院後、リハビリテーションセンターを利用することになった。両親は、娘を残して涙ながらにセンターを後にした。絶望と不安の日々から数か月が過ぎた頃、在宅復帰、生活自立を目指すようになった。このことは、同じ障害をもつ仲間との励まし合いがあった。そのためにトランスファー（ベッドと車いすの移乗動作）の訓練を毎日懸命に行って数か月が過ぎた頃、トランスファーが次第にできるようになった。面会に訪れた両親は「よく頑張ったね」と感動していた。

考察

この事例は、人間の苦難や絶望を乗り越えていく力は、どこから生まれるかを示唆している。まず在宅復帰という目標である。

それではその意欲はどのように形成されてきたのか。それは、仲間との信頼関係である。つまり同じ経験をもつ者同士の共感に満ちた人間的交流である。そして、私の経験を振り返ってみると、自覚的ではないが、土居のいうように、岡野さんが苦難を克服する懸命の訓練、生活に取り組む態度に人間的な尊敬の念をもっていたのではないかと

思っている。

　このように考えると人間の尊敬とは、人間の存在とよく生きる可能性への信頼に満ちたものではないかと考えるのである。

事例5

　　井上さん（74歳：男性）は、外出先で脳卒中による発作を起こした。幸い一命はとりとめたが重い後遺症が残り車いすの生活になった。井上さんは会社の役員をしていた。退職後は地域のボランティア活動や趣味の絵を描くことを楽しみにしていた。しかしすべてができなくなったと絶望した。さらに住まいの1階は商店に貸してあり、2階住まいのため外出ができないことになった。
　　井上さんは、「身体が不自由になったのは仕方がない。しかしこのままの生活では寂しい人生になる。新たな生き方を考えなくては」と思う。介護老人保健施設からの在宅復帰を前に、施設の職員とも相談して、次のような計画を立てた。
　① 社会的に活動できるように、車いす用の階段昇降機の設置を実現する。
　② 井上さんは、絵を描く趣味は続けたいと思う。訓練担当の職員から、訓練と自助具の工夫で絵を描くことは可能であるとの助言を得たので実践していく。

考察

　事例では、井上さんは、これからも主体性のある生活設計のもとに人生を過ごしたいと考えている。確かに脳卒中という突然の病と障害を担う生活に環境は激変した。しかし井上さんの個性が変わるわけではないし、主体性を失って依存的になっているわけでもない。この苦難を乗り切る意思と行動力は尊敬に値するのである。これは井上さん

が自己尊重への信頼を保持しているためと考えられる。
　また事例には表れていないが、家族や介護職員等の共感的理解と心理的支持が背景にあることも有益な環境的な資源となっている。
　ここで主体性の概念について、理論的主唱者、ジャン−ポール・サルトルの論説をあげる。

　「実存主義の考える人間が定義不可能であるのは、人間は最初は何ものでもないからである。人間はあとになってはじめて人間になるのであり、人間がみずからつくったところのものになるのである。（中略）すなわち人間はまず、未来にむかってみずからを投げるものであり、未来のなかにみずからを投企することを意識するものであることをいおうとするものだからである。」[10]

　このサルトルの考えは、介護福祉における核心的な価値である「主体性」を思想的に根拠づけるものである。主体性は、利用者が、老いや病、心身の障害に起因する生活上のさまざまな困難を自ら受け止めて、自らの意思をもって克服していくことである。それはすべての人にとって未来へ投げかける生き方の選択なのである。したがって別の視点からは、選択に伴う責任ある生活の営みといえる。

　さて前述の事例において取り上げた課題のまとめを示す。
　人間理解を実存主義の立場から見ると、人間はさまざまな苦難、悲哀などを乗り越えていく潜在的な可能性と、人格的変容による生活課題の解決の力を有している。それは人間の主体性のもとにおける未来への選択と責任における創造的生活である。

7 人間関係とコミュニケーション

（1）コミュニケーションの意義

　人間関係の形成は、出会いから始まる。出会いの意味するところは、人間相互の人格的なふれあいである。このふれあいとはお互いに人間の尊厳が保持され、主体性のもとに出会いが深まっていくことである。この関係性における深まりはコミュニケーションによるところが大きいのである。

　介護福祉におけるコミュニケーションは仕事のうえでの意思の交流である。たとえば特別養護老人ホームで介護職員が利用者に言葉をかける、それに対して返事をするという言葉のやりとりから人間生活の彩りが生まれる。具体的には利用者が発熱して食欲のないときに、気づかいの言葉をかけるのは、利用者にとっては単なる言葉のやりとりではないだろう。あるいは家族を交えて介護サービス計画（ケアプラン）を作成する際のコミュニケーションは、これからの生活のありようについての創造的な意味を有している。

　それでは、人間関係の形成におけるコミュニケーションの意義について考えてみる。ここでマルティン・ブーバーの説をあげる。

　「関係の世界をつくっている領域は三つある。第一は、自然との生活、ここでは関係は言語のきざはしにまとわりついている。第二は、人間との生活。ここでの関係は言語の形をとる。第三は、精神的存在との生活。ここでは、関係は言語によらず、沈黙の中にあるが、ここから言語が生まれてくる。」[11]

　このブーバーの言葉から、精神的人間生活における言葉の意味を深

く考えてみる。

　第一の自然との生活である。人間生活は、自然とともにあり、生まれる。四季の移り変わりのなかで、楽しみの会話があり、時には無常の思いの言葉になり、それがコミュニケーションにもなるからである。介護福祉の世界からは、絶望、悲しみのなかに自然の彩りが薄れてくる。介護職員のなかに自然への感動を取り戻してほしいとの願いがある。

　第二の人間との生活である。これは生活のなかで「わたし」と「あなた」の関係のなかで問いがあり、それに対応する関係がある。ここにおいてコミュニケーションという、ある目的を共有する創造的な機能が生まれる。そこに人間の幸せを志向するものには何かの課題が生まれる。これは人間の価値とコミュニケーションという課題につながってくる。

　第三の精神的存在との生活である。ブーバーは精神生活の言葉は沈黙であるという。そして沈黙のなかから言葉が生まれるという。これは優れて示唆に富む論旨である。確かに言葉にならない思いがある。心の奥底に沈んでいるものがある。それがあるとき表現されてコミュニケーションの機能として、よりよき生活へ志向することが期待される。この課題について事例をあげて考察する。

事例6

　宮野さん（76歳：女性）は、脳卒中で車いすの生活になった。宮野さんは在宅の生活で好きな散歩、買い物にも行きたくないという。家族は宮野さんが車いすの姿に抵抗があるのではと推測するも、どのような話を振ってよいのかがわからないでいる。

事例7

　木村さん（21歳：男性：大学生）は、交通事故で頸髄損傷の重傷を負った。四肢麻痺で全介助の生活である。リハビリテーションの施設を利用しているが、3か月が過ぎても障害者の仲間ともあまり話をすることもなく過ごしている。訓練室には行くがあまり訓練への意欲があるようには見えない。

考察

　事例から、人間関係におけるコミュニケーションのありようについて考える。介護職員は何を話し合うとよいのか、時として途方に暮れることもある。ブーバーのいう人間と生活には必要に応じての対話がある。人間関係の形成のコミュニケーションは、沈黙の静かさのなかに精神の躍動の可能性への信頼から何をなすべきか、の考えが大切であり、よい話し方を見い出すことが重要とはいえないのである。

（2）コミュニケーションと環境

　人間関係はコミュニケーションによって形成される。それはどのような場において行われるかが重要である。すなわち環境との相互関係である。意図的な話し合いでなくても日常の対話のなかに人々の気づかい、思いやり、尊敬の念、経験の共有が感じられる話し合い等である。そのなかには、見習うべき仲間がいるかもしれない。このような環境のなかに施設がある。そして在宅の場合には、そういった環境を有する場を紹介するのもよいであろう。これらを通じて、今の自分は孤独ではない、真摯に向き合ってくれる仲間やスタッフがいると感じるところから精神の存在が生活の場へ移って、言語によるコミュニケーションが成立するのである。

一方で自己の将来の方向性が見えないこともある。具体的な方向性に関する情報、たとえば介護サービス、障害者の職業訓練、社会参加の機会の提供等に関する情報を提供していくことも重要である。
　これらからコミュニケーションは双方の対話を通じての弁証法的な発展過程にたとえられる。ここでは弁証法は、対話的な構造を通しての発展過程としてとらえられている。すなわち個人の世界においても、事例にあげた不安や絶望におけるコミュニケーションは、それを生きる力に変える新たな発展過程を目指しているということである。
　コミュニケーションにおける人間関係は、親密な良好な関係だけでなく、対話を通じて生活・人生を力動的（ダイナミック）に方向づける機能を有している。

（3）言語的コミュニケーションと非言語的コミュニケーション

　言語的コミュニケーションは、文字どおり言語によるコミュニケーションである。非言語的コミュニケーションは、言語によらないもので、表情、身振り、行動などがあげられる。この二つの分け方は、コミュニケーションを言語によるものと、そうでないものとで理解するうえでは有益である。しかしコミュニケーションは人間の意思表示であるから、当然人間としての理性と情緒を切り離すことはできない。したがってこの両者は人間の意思表示として統合的に見ることになる。
　この言語と非言語のどちらかに重きをおくかの議論を形式的に論じるのは生活の場ではあまり意味のあることではない。
　言語的コミュニケーションを良好なものとするためには、介護職員の利用者に対する尊敬の念と共感的理解を根底においての対話である。そして表現について真摯に傾聴し発言の内容について受容することから次の段階へ進むことになる。これらは介護職員の利用者に対す

る人格的態度に収斂するものである。

　非言語的コミュニケーションについては、理論的、実践的にも詳しく論議すべき課題がある。ここで論じる内容は、非言語のもつ特性を論じるものであるが、そのことは、人間生活の文化におけるコミュニケーションの本質を考えることになる。

　コミュニケーションは、人間と自然のなかで生まれたものから考える。つまり言葉は、生涯を通じて、意味をもつ生活世界の文化によって創られ継承されていくのである。人々の朝夕の挨拶、生活習慣、四季折々の変化、地域の風土等からの言葉は、表現されないものであっても、人々の精神構造に深く浸透している。そして同じ文化をもつ人々と共感的な連帯の意識のもとに人間関係が形成されるのである。

　哲学者の西田幾多郎は次のように論じている。

　「形相を有となし形相を善となす泰西文化の絢爛たる発展には、尚ぶべきもの、学ぶものの許多なるはいうまでもないが、幾千年来我らの祖先を育み来たった東文化の根底には、形なきものの形を見、声なきものの声を聞くといったようなものが潜んでいるのではなかろうか。我々の心は此の如きもの求めて已まない、私はかかる要求に哲学的根拠を与えてみたいと思うのである。」[12]

木村敏はこの論説に関連して次のように論じている。

　「『形なきもののなかに形を見、声なき声を聞く』というのは、哲学者だけの仕事ではないだろう。人間の心に関わるわれわれ精神科医はすべて、自然科学や心理学では汲み尽くせない人間の心の広がりと深みに、もう一度しっかりと目を向けるべきではないだろうか。」[13]

　この西田、木村が述べていることは、人間の心を全人格的に理解す

ることである。それは言語と非言語のコミュニケーションを超越した人間理解である。これは、そのままの姿を、そのように理解することである。

　たとえば認知症をもつ高齢者との人間関係を考えてみる。これは二つの視点をもって考える。一つは環境との相関においての意思表示である。すなわち自己の周囲にあるものを認識し、ある意味をもってかかわることである。したがってコミュニケーションは、その人がどのような環境において何を志向しているのかの理解のうえにある。それは外の世界が何人も疑えない客観的な事物であることを意味しない。その人のグラス（眼鏡）を通しての生活世界なのである。

　二つには、コミュニケーションは、時間性をもって主体的に行われるという点である。ある人の意思表示は、その人の生活の彩りから生まれたものである。現在の生活は、過去の生活のうえにある。ここでのコミュニケーションは、時間性のなかで次第にこれからの創造的な生活の可能性への信頼に満ちたものである。

　さて言語表現からの理解ということを考えると、非言語の（言葉という意味での）形にならないものが、どのように理解し合うことになるのか、その理解の根源はどこにあるのかが問われなければならない。

8　生活世界におけるコミュニケーションの彩り

（1）経験とコミュニケーション

　コミュニケーションの基盤となっているのは生活世界の経験である。すなわち自分の経験は、この世界において、自分がこれまでどうかかわってきたのか、それが現在の自分にとってどのような意味を

もっているのかの経験である。この経験は日々移りゆく生活のなかで次第に再構成され深まっていくのである。大切なことは、この経験をどう意識づけていくかである。たとえば認知症をもつ高齢者との意思疎通は、言葉に拠ることが困難であっても、ケアを通じての経験の深まりにおいて理解していこうとする意欲が、コミュニケーションを成立させていくのである。さらにこの場合の経験は、これまでの介護職員の生活世界における経験と、介護を通じての新たな高齢者との出会いによる経験が融合されて理解の深まりをもたらすのである。つまりコミュニケーションは単なる言葉のやりとりではない。そこでの経験は経験の意味を変えていき、現在の経験のもつ意味を問い直していくのである。ここで藤田正勝の論説をあげる。

「＜経験＞というのは、事柄を、事柄のなかで、事柄に即して把握することと言うことができるであろうが、それは単に新しい事柄に接するということではない。つまり、知識の単なる量的な拡大ではない。そうではなく、事柄の出会われ方が変わるということを含意している。＜経験＞は、経験の仕方自体を変えると表現することもできるのであろう。あるいは、そこまで含んで＜経験＞ははじめて＜経験＞でありうる、と言うこともできるかもしれない。＜経験＞には、その質的な変化、あるいは質的な＜深まり＞という面があるのである。」[14]

この藤田のいう論旨は実践の場においても有益な示唆を与えるものである。特に経験の深まりの課題は重要である。

(2) 経験の深まりとは何か

経験による深まりは、介護福祉において考えれば、実践の経験の積み重ねによる判断作用としての深みである。

この経験の豊富さには二つの視点が伴うのである。一つは客観的情報による知識の広がりである。たとえば疾病、外傷等に起因する健康状態、心身機能、身体構造の知識、それらに伴う生活支障（ADL（日常生活動作）等）の状況等からの介護サービスの判断である。これらは外形的な情報から得られた客観的判断といえる。

　二つには、老いや病、心身の障害等からの生活支障の不安、そして明日に向かってどう生きるかの意欲等についての判断である。これは共感、洞察等による理解・判断である。平易にいえば、そのように推測される、そうではないかと考えられる、とにかくわかるように努めたい、等々である。これらは非言語コミュニケーションによる主観的判断である。

　この客観と主観の二つの判断は、一人の人間の生活上の課題として総合的に判断される。ここで問題となるのは、判断というのは、概念化されたものということである。たとえば「Ａさんの自立への動機づけは十分でないようである」との判断である。そのことで個人の特性が見えなくなってしまうことがある。藤田は次のように論じている。

　「判断が経験の抽象であるということは、別の観点からいえば、普遍概念によるカテゴリー化によって、個々のものが持つ差異が無視されるということである。我々が実際に手にする個別的なものは、微妙な差異を持ったもの、普遍概念に還元できないものであるにもかかわらず＜ことば＞はそれが他のものと共有する性質に注目し、その色で個別なものを染めてしまう。桔梗の青、都忘れの青、カキツバタの青、それぞれしかない青が『青い』と判断されることによって、一挙に背後に退いてしまう。たとえ違いが問題になったとしても、それぞれの青がそれぞれの青として問題になるのではなく、青の一例として問題になるにすぎない。」[15]

　ここにあげた藤田の論説は、介護福祉の専門性の構築のうえで、つ

まり実践から理論への道程として重要な視点である。

（3）介護福祉とコミュニケーション

　コミュニケーションは、人間社会の文化として共有されているものである。そこに表現されている内容は人々に共有されていくものである。したがって言葉によってカテゴライズされ概念化されたものは、共通の認識の手掛かりとなる。

　このような言語化、概念化は、介護福祉の専門性のうえで必須の要件である。そのうえで個人生活の個性、彩りを背後に追いやってしまう可能性があることにも留意すべきである。

　介護福祉の専門性のための理論構成には、一人ひとりの個別性が重視され、個人の生活が理論化への源泉となっているのである。これは介護福祉が、個人の生活の幸せを究極の理念とするからである。それは同時に、人間の本質を生活の場から語ることなのである。そして実践から理論への道を歩むことになる。

注

1) 土居健郎著『方法としての面接』医学書院、1977 年、45 頁
2) S. ヴァイトクス著、西原和久・工藤浩・菅原謙・矢田部圭介訳『「間主観性」の社会学』新泉社、1996 年、24 頁
3) W. ディルタイ著、尾形良助訳『精神科学における歴史的世界の構成』以文社、1981 年、91 頁
4) C. R. ロージャズ著、畠瀬稔編訳『ロージャズ全集⑥　人間関係論』岩崎学術出版社、1967 年、50〜51 頁
5) 前出 4)、57 頁
6) G. ハミルトン著、四宮恭二監、三浦賜郎訳『ケースワークの理論と実際　上巻』有斐閣、1963 年、62 頁
7) H. ベルクソン著、河野与一訳『思想と動くもの』岩波書店、1998 年、251 頁
8) 前出 7)、253 頁
9) 土居健郎著『土居健郎選集⑤　人間理解の方法』岩波書店、2000 年、93 頁
10) J-P. サルトル著、伊吹武彦ほか訳『実存主義とは何か』人文書院、1996 年、42 頁
11) M. ブーバー著、植田重雄訳『我と汝・対話』岩波書店、1979 年、127〜128 頁
12) 西田幾多郎著「「働くものから見るものへ」序」上田閑照監、大橋良介・野家啓一編『西田哲学選集第 1 巻　西田幾太郎による西田哲学入門』燈影舎、1998 年、38 頁
13) 木村敏著『形なきものの形』弘文堂、1991 年、156 頁
14) 藤田正勝著『現代思想としての西田幾多郎』講談社、1998 年、127 頁
15) 前出 14)、103〜104 頁

第6章 ターミナルケアにどう向き合うか

1 ターミナルケアとは

　ターミナルケアについて、まず介護福祉の視点から考える。ターミナルケアは、介護サービス利用者（以下、利用者という）の病状が、医学的に見て治癒の見込みがなく、死期が迫っている状態について、いかにケア（介護）を行うかの課題に向き合うことである。ここでなぜ向き合うという、曖昧ともとれる表現をするのかの疑問が提示され得る。

　まず一般にケアは、実践の科学に基づいており、日常の生活動作（食事、入浴、排泄、移動等）を支援するものである。この基盤は生活経験上の実践技術とヒューマニズムの思想に裏打ちされたものである。このことは、よく生きるという人間社会における活動、参加を意味している。もちろん、1回限りの人生を十分に生きるという実存主義的な思想、あるいは宗教の教義も存在する。

　しかし、ターミナルケアにいかにかかわるかは、「死」ということについて、介護福祉の専門職の業務にどう位置づけるかが、意識的に十分論議されてこなかった背景がある。その理由の根源は、死にかかわる思想は、現実の人間にとって彼岸の問題であり、宗教や哲学の問題として考えられてきたからであろう。そしてこれまでの生活の歴史では、家族介護のもとで死を看取ってきたという事情もある。そのため、ターミナルケアについては向き合うという曖昧な表現となっている。

　しかし社会構造の変化に伴って、家族介護力の衰退とともに、国家

は高齢者の尊厳を保持し能力に応じた自立した生活を営むことができるよう介護保険制度を設けた。このことは生命の畏敬、人間の尊厳という理念価値を基盤としたものである。このことをふまえて、ターミナルケアにおける課題を次の三つの視点から考察する。

① ターミナルケアにかかわる法制度の存在理由である。そして介護保険法における看取り加算に関する規定等からの考察である。
② ターミナルケアに関するケアのありようである。特に介護福祉における思想、内容、指針等についてである。すなわち人間の生と死に関する人間理解である。つまり生ある人が死を考えるのである。たとえば老年期における人生論等からの老いと死の問題の考察である。
③ ターミナルケアにおけるケアの実践の課題である。たとえば家族、関係専門職等との連携・協働、介護サービス計画（ケアプラン）等の課題である。

2 ターミナルケアにかかわる法令等

① 終末期医療およびケアのあり方

終末期医療およびケアのあり方について、2007（平成19）年の厚生労働省の「終末期医療の決定プロセスに関するガイドライン」では、「医療・ケアチームにより可能な限り疼痛やその他の不快な症状を十分に緩和し、患者・家族の精神的・社会的な援助も含めた総合的な医療及びケア行うことが必要である」としている。

② 介護保険制度における看取り加算

「指定居宅サービスに関する費用の額の算定に関する基準（短期入所サービス及び特定施設入居者生活介護に係る部分）及び指定施設

サービス等に要する費用の額の算定に関する基準の制定に伴う実施上の留意事項について」（厚生省老人保健福祉局企画課長通知（平成12年3月8日老企第40号））より、介護福祉施設サービスの部分を抜粋する。

　「看取り介護加算は、医師が一般に認められている医学的知見に基づき回復の見込みがないと診断した入所者について、その旨を入所者又はその家族等（以下「入所者等」という。）に対して説明し、その後の療養及び介護に関する方針についての合意を得た場合において、入所者等とともに、医師、看護職員、生活相談員、介護職員、介護支援専門員等が共同して、随時、入所者等に対して十分な説明を行い、療養及び介護に関する合意を得ながら、入所者がその人らしく生き、その人らしい最期が迎えられるよう支援することを主眼として設けられたものである。」

ここにあげた二つの資料から、ターミナルケアに関する基本的な課題が示されている。それは次の3点に集約される。
① 　ターミナルケアは、利用者が、その人らしく生き、その人らしい最期を迎えられるよう支援する。
② 　ターミナルケアは、利用者および家族の合意を得ながら行われる。
③ 　ターミナルケアは、医師をはじめ支援関係者から構成されるチームによって行われる。

3　ターミナルケアにおける生と死の問題

　介護福祉における介護サービスは、常に二つの視点をもって行われる。一つは、介護職員は利用者と人間関係を形成し、生活ニーズを把握することである。そのうえで利用者と合意のうえでケアプランを作

成し、実践・評価をするという過程である。それは日常生活の営みという目に見える形の介護である。

　二つには、介護サービスの理念価値は、人間の尊厳が保持され、その人らしい生活が営まれることである。これはヒューマニズムの思想（生活や人生の基本となる考え）を源流としている。介護福祉の専門性は、この二つが総合されて成り立っている。

　ターミナルケアについては、前述の看取り加算の資料に見られるように、「その人らしく生き」そして「その人らしい最期が迎えられる」とはどのような意義を有するものであるかが問われることになる。このような理念的かつ抽象的な概念は、一義的な定義があるわけではない。また人類の究極のテーマでもあるので、具体的に示すことも困難である。したがって深い洞察をもって、その意味を探求することになる。

　さて、その人らしく生きるとは、人生を包括的かつ連続的にとらえて、その延長線上に、その人らしい最期を迎えることが理解できるのである。したがってターミナルケアは、死が迫っている状態ではあるが、これまでの人生をよく生きてきたことと重なるのである。このことは、利用者自身の問題であると同時に、利用者の姿と向き合い、学びながら自らを成長させていく介護職員の人格的態度が求められる。

　ここで自らがんと闘った十年の経験を『死を見つめる心』に著した岸本英夫の論説をあげる。

　「私が生死の問題に対する、近代人にとっての解決方法として考えていることを、一言でいえば、それは、『よく生きる』ということである。一日一日を、ほんとうによく生きるということである。それは、生き甲斐のある生活といえるであろう。それが、生の問題に対する最上の解決法であると同時に、死の問題に対する解決の方法であると考える。その、よく生きる、ということは、どういうことであるか。『よく生きる』ためには、人間はまず、日々の人生の全体

的見透し上に立った理想を打ち立てなければならない。人生の理想をもつことである。」[1]

　この岸本の述べることは、ターミナルケアのありようについて、有益な示唆を与えるものである。すなわち死の解決法は、よく生きることであるという。私はかつて、永平道元禅師の著『正法眼蔵』のある哲学的思想の言葉を思い出した。私が仏教を語る資格はないが、その教えが心に生きていることは確かである。禅文化学院の現代訳を次にあげる。

　「たきぎははひとなる。さらにかへりてたきぎとなるべきにあらず。しかるを、灰はのち薪はさきと見取すべからず。しかるべし、薪は薪の法位に住して、さきありのちあり、前後ありといえども、前後際断せり。灰は灰の法位にありて、後あり先あり。」（原文）
　「薪は燃えて灰となり、それが再び薪に戻ることはない。しかしそれを一概に、薪は始にあるものであり、灰はそれに続くものであると考えてはならない。薪は薪になりきっていて、始めから終わりまで薪である。見かけの上では前後があるが、それは、終わりまでのない前後であって、薪はどこまでも薪である。灰もまた灰になりきっていて、始めから終わりまで灰である。」（現代訳）
　「〔要約〕生が死につながるものだと考えるのが、常識の立場である。生が生として完結している絶対の境地であることを知るのが常識よりも、さらに高い死生観である。」[2]

　かつて私は、この道元禅師の思想は、薪が燃えて灰になる。これは常識ではないかと思っていた。つまり、物理的な見方による原因から結果への因果関係からの理解である。しかし人間について、よく考えてみると、いま、ここで一日一日を大切に生きている自分がいることも確かである。そこから岸本のいう意味が自分なりにわかってきたよ

第 6 章　ターミナルケアにどう向き合うか

うに思うのである。

　さて、ターミナルケアにあるのは利用者である。残された人生をいかに過ごすかということは、これまでの人生の一日一日を過ごしてきた大切さのなかにある。そして今もそうである。それは人生の価値を日々創造していると考えられる。

4　老いをどう迎えるのか

　ターミナルの状態にある人は、絶望や不安と向き合うことにもなる。そして矛盾するようだが、これまでの人生に充実感や達成感を抱くのである。シモーヌ・ド・ボーヴォワールは著書『人間について』で次のように述べている。

　「それに、瞬間が、ただ瞬間だけに限られていたのでは新しくなく、過去とのつながりによって初めて新しくなるのです。この、今しも出現した形状は、それを支えている背景が背景としてそれ自ら判然としている場合のみ、判然としているのです。木陰のすずしさが貴重なのは、日ざかりの道ばたにおいてです。休止は疲れたあとの寛ぎです。小山の頂から、わたくしは自分の歩き回った道を眺めます。そして、わたくしが首尾よく山頂まで辿り着いたときの歓びのうちに現存しているのは、その道全体であります。この休息を価値あらしめるのは、歩行であります。コップ一杯の水を貴重たらしめるのは、わたくしの渇きであります。」[3]

　介護職員は、通常の状況下においては、利用者の健康状態や心身機能を理解することからはじまる。このことはアセスメントによる情報の収集と判断によるのである。これはターミナルケアにおいても同様であり、死期が迫っている状況の理解である。これは老いと死の問題

であり、人間の普遍的かつ永遠のテーマである。ボーヴォワールの論述から、人間の課題について考察する。

① 生活における一つひとつの場面は、同じものではない。すべてが新しいのである。昨日と今日は同じではない。毎日が新しいのである。人の一生はそのことの連続であるから、過去とのつながりによってはじめて新しい全体が見えてくる。それはその人自身が生活のなかから創ってきたものである。

② 人間の生きる価値は、自らの力で峠を歩むようなものである。それは人生という、あの曲がりくねった道を自ら歩んできたという充実感である。

③ 人生における欲求は、多様であるが、ボーヴォワールのいうコップ一杯の水を貴重なものにしているのは、「わたくしの渇き」である。そのことの意味を、生理的ニーズを満たす水ということもできる。もう一つは精神的な充足感を満たす水である。

5 ターミナルケアにおける実践的課題

　人間はこの世に生を受けて、限りある生を十分に生きたいと思う。しかし生命体として命が尽きることも受け入れなければならない。死は経験できないことであり、生きている過程で、いかに生きるかという問いから考えることになる。

　ターミナルケアの実践は、通常の日常生活の支援とは異なった固有の方法が存在しているわけではない。それは死が迫っているという状況下において、特別に配慮すべき個別の課題として考えるのである。すなわちターミナル（終末期）における医師のケアの方針にしたがってケアが行われる。その際、介護職員はケアチームのメンバーとしての役割のうえで、前述の看取り加算の要件に示されたように、「その人らしく生き」「その人らしい最期が迎えられる」よう配慮して実践する

のである。

（1）人間の尊厳を保持することについて

　ターミナルケアにおける介護職員等の基本的態度は、利用者の尊厳を保持することである。そのことは理念的な価値観であるから、抽象的な表現である。

　人間の尊厳の保持については、二つの視点がある。一つは、介護職員が利用者の意向を尊重していく態度である。これは介護サービスの利用関係における基本方針である。そしてターミナルケアを通じて尊重されるべきことである。これは介護職員と利用者との人間関係において実践される。

　実践の基本は、介護職員のヒューマニズムの思想に裏打ちされた人間的態度である。すべての人は幾多の歴史的かつ自然の出来事に遭遇し、それらの苦難を乗り越えて今日に至っている。そして社会的貢献のなかで常に幸せを求めて生きてきたのである。これはいかなる状況においても変わらない普遍の真理である。

　二つには、利用者の一人ひとりの歩みに対して、介護職員は「尊敬の念」をもってかかわることである。利用者側から見れば自尊心を失わないで、誇りをもって介護サービスを依頼することである。このことは利用者自身が、老いていくこと、介護サービスを必要とする状況の受容の課題である。これは個々の状況は異なっていても、すべての人間に共通する課題である。

　ヴィクトール・フランクルは次のように論じている。

　「喩えていうなら、悲観主義者は、毎日引きちぎってゆくカレンダーが、日がたつに従い段々薄くなっていくのに恐れと悲しみをもって見つめている人に似ていると言えよう。しかし楽観主義的な日をおくっている人は、カレンダーの一枚一枚をはがす時、その上

に一寸した日記を書き留めては、注意深くそれを保存する人に似ていると言える。こうした人々は、こうした日記を書き留めた時のすべての豊かさや、彼が精一杯生きてきた自分の人生のすべてを、誇りと責任をもって考察することができるのだ。

　高齢に達しても、人は若者を羨むべきではない。どうしてそんなことを為すべきなのか？　若い人が所有している可能性とか、若い人は未来があるからだというのか？　いや、未来への可能性に代わり、高齢者は過去に厳然たる事実を持っているのだ——即ち行った仕事、愛したというその愛、苦しんだというその苦しみ、そういう実績があるのではないか、と私は言うべきだと思う。」[4]

　このフランクルの言葉は、実存哲学の思想であるが、人生の価値を、その人自身が経験し、その人しか創れないものに求めている。高齢者の自己尊重についての論旨は、有益な示唆を与えるものである。

（2）人間関係の形成について

　ターミナルにおける利用者の生活は、身近に寄り添う人との人間関係が重要である。特に食事、入浴、清潔、排泄等を支援する介護職員との関係が重要である。この場合の人間関係で大切なことは、利用者が今一人ではないという気持ちになることである。これは身近にいることが精神的な平穏さをもたらすからである。そしてその平穏さから静かな精神の躍動感につながるのである。

　実践の場面においては、介護職員が利用者の話を傾聴することを意味する。傾聴とは、相手の立場に身をおいて話を聴くことである。すなわち直観的な理解が伴うのである。さらに言うならば、全人格的な配慮と関心によるものである。このことは介護がヒューマニズムを示すものである。エーリッヒ・フロムは次のように論じている。

「配慮と関心とは愛の他の側面、すなわち責任の側面をも含んでいる。今日では責任は、しばしば義務、すなわち外側から課せられたなにものかを意味している。しかし、真の意味においては責任はまったく自発的な行為なのである。それは相手の、あるいは表現され、あるいはまだ表現されていない欲求への反応である。」[5]

　フロムのいう配慮と関心は、相手に対する責任が内在している。それは相手の意思に応答できるよう自発的な行為として考えられている。このようにいうことは、現実として適切な理解と方法を見い出すことに困惑するかもしれない。私はまず利用者への尊敬の念と考えている。このことについて、フロムは次のように論じている。

　「もしも愛の第三の要素─尊敬─がなかったならば、責任は、たやすく支配や所有に堕してしまうであろう。尊敬は恐れでも畏怖でもない。それは、語源（respicere＝ながめる）に従えば、人をあるがままに見、その特異な個性を知る能力である。尊敬とは相手がその人自身としてありのままに成長し、発達すべきであるという関心を意味している。」[6]

　このフロムの言葉を取り入れて、人間関係の形成を考えれば、尊敬に満ちた人間観に沿った配慮が求められており、そのことから傾聴、共感、受容が導かれると考えられる。

（3）ターミナルケアの質の向上について

　ターミナルケアでは、常にケアの質的向上に努めなければならない。それにはターミナルケアを計画的に行うことである。まず医師、看護職員、生活相談員、介護職員、ケアマネジャー等の連携、協働が核心的な課題となる。ターミナルケアの計画策定の過程における、情報の

収集・判断および家族の意向等が総合され、チームメンバーの共通の認識のもとに実践される。

　この考え方・方法の基本は、その人のこれまでのケアプランの過程とつながっている。そのうえでターミナルケアにおける利用者の新たな状況の変化が十分に配慮されてケアプランが作成される。

① 　ケアプランの作成にあたっては、利用者、家族に十分な説明を行い、そのことに対する意向を尊重して作成する。

② 　ケアプランは、利用者の身体、精神、環境等の状況を多面的にアセスメントして、分析的かつ全人的な理解のうえに作成する。

③ 　ケアプランにおける目標は、介護職員の視点からは、個別の状況にもよるが、医学的診断、医療的ケアの方針をよく理解したうえで、生活上のケアを行うとともに、精神的な平穏等に関して利用者の意向を尊重して立案をする。

④ 　ケアプランは、ケアカンファレンスによって、ケアチームの共通の理解のもとに実践される。このカンファレンスは、利用者の意思を中心に関係者の判断が総合され、共通の理解のもとで実践されることで、客観的かつ妥当なものとなる。

⑤ 　ケアプランの基盤は、利用者の意思によるものである。しかし、利用者の意思が確かめられないことがある。この場合のケアプランの妥当性のエビデンス（根拠）は、家族の意向およびケアチームが利用者にとって最善の方法であるよう利用者の気持ちを推察することの判断が含まれる。これらの多面的判断は、ケアチームによって吟味され、ケアプランの妥当性を示すものとなる。

⑥ 　ケアプランは、実践の過程でモニタリングが行われ、そして評価される。この過程は、それぞれの役割をもつ関係者が参加する。これらのチーム連携によって常に適時・適切なターミナルケアが行われるよう配慮する。

6 ターミナルケアと専門性

　ターミナルケアにおける生活支援で、利用者がその人らしく生き、その人らしい最期を迎えるために、介護職員がいかにかかわっていくかについて述べてきた。まず利用者の心身状態に応じて、食事、入浴、排泄等の介護を適切に行うことである。そして精神的ケアおよび環境調整等、ターミナルケアにおいて求められる支援を行うことである。

　ここで日常生活の介護を介護福祉の専門性の観点から述べることは、第一に、利用者の生活ニーズへの対応であり、利用者の必要条件を満たすものということである。第二に、精神的平穏さ、あるいは自分らしい生涯を全うする認識は、その人の内面の課題であり、その人自身の創るものであり、十分に生きるという意味で、十分条件の充足ということである。

　このことを踏まえて、ターミナルケアにおける介護職員の役割は、いかに精神的な課題に向き合うのかである。これには介護職員の人格的な豊かさが求められる。ここにあげた先人の論説を含めて、人類の普遍的な課題を畏敬の念をもって学ぶのである。

1）岸本英夫著『死を見つめる心』講談社、1968 年、146 頁
2）禅文化学院編『現代訳 正法眼蔵』誠信書房、2002 年、6〜7 頁
3）S. de ボーヴォワール著、青柳瑞穂訳『人間について』新潮文庫、1955 年、26 頁
4）V. E. フランクル著、高島博・長澤順治訳『現代人の病』丸善、1980 年、41 頁
5）E. フロム著、懸田克躬訳『愛するということ』紀伊国屋書店、1984 年、37 頁
6）前出 5）、37 頁

第7章 介護福祉における生活システム

1 介護福祉とシステム

　われわれの生活している世界は、決して平板で固定した世界ではない。この生活世界を、私がどのような関心をもって見ているかは、その時々の必要性によって推移しているのである。その関心とは、目的と手段の関係によって、今、何が必要であるか、その優先順位は何かである。

　このことを介護福祉について考えれば、老いや病、心身の障害等によって生活に支障を生じているときに、その生活上の課題を解決するために、生活支援の資源を選択的に利用することになる。これは個人の視点から見れば、生活に困っているときに、生活の手の届くところに生活支援の資源が存在し容易に利用できる生活世界を望んでいることになる。これらは常識的に理解できる事柄である。

　それならば介護サービス利用者（以下、利用者という）が必要とされる社会資源を整えればそれでよいのではないか、「システム」という概念を用いる理由と実益がどこにあるかを示す必要がある。実はこのシステムという概念は、社会の仕組みの問題なのである。そこで社会とは何かを概観することでシステムを明らかにしていくこととする。佐藤慶幸は、社会とは何かについて次のように論じている。

　「そのような観察可能な経験的事実としての＜社会＞とは何かと言えば、それは『人と人との相互作用』である。それは観察可能な

事実である。人と人との相互作用だけでは社会は成り立たないが、それがなければ社会は成り立たない。したがって、人々の相互作用は、社会が存立するための必要条件であるが、十分条件ではない、と言える。

　それでは社会が存立するための必要にして十分な条件とは何か。人々の間に一定のルールにもとづいて秩序づけられた、相互肯定的な相互作用があるときに、そこに社会が存立するのである。(中略) ここで言うルールとは、風俗、習慣、言語表現、行動、思考、感情などの明示的なあるいは暗黙の共通の様式を言う。」[1]

　この佐藤の論旨から、社会における人々の相互関係(相互作用)における一つとしての概念がシステムである。北原貞輔は、「①いくつかの＜もの＞が存在する、②それらが相互に＜働きかけ＞あっている、③あるいは＜相互関連＞を保持している、という事実である」[2]と、システムの簡明な定義をあげている。

　それではシステムによる生活支援がなぜ必要かつ有益であるかについて述べる。これまで介護福祉は、一人の人間の生活課題をある特定の専門機関との関係において解決してきた。確かに介護サービスは個人の生活から生じたものであり、その解決は、個人の課題と対応するところにその本来の機能がある。それは個人の責任において選択され解決されるべきものであった。一方、社会構造の変化、超高齢社会の到来により、生活ニーズが複合化、多様化してきた。したがって生活支援機能も、人々の生活ニーズに対応した社会構造の変革が迫られてきた。

　このことは、二つの視点から見ることができる。一つは、地域社会における生活支援体系の構築と、生活ニーズに応じた適時、適切な実践の仕組みが、システムという社会の仕組みを必要としたことである。すなわち国家は国民の生活保障のために、法制度によって生活上のシステムを構成するのである。したがってシステムは国家の理念と目的

をもって運用される。

二つには、システムという概念は歴史的な発展段階から見ると、物理的システム（例：自動車のシステム）、生物システム（例：生体恒常性）、社会システム（例：企業、家族）、一般システム理論（システムの一般原理）等の理論がある。

ここではこれらのシステム理論のなかで、介護福祉に関係のあるものを述べることにする。

介護福祉に関連したシステムの意義は、二つの視点から見ることができる。

一つは社会が人間の共同体であるということである。これは、それぞれの個人や社会資源が何の脈絡もなく存在しているのではなく、社会全体の構造のなかで、それぞれの役割に応じた機能を有していることである。そして、その構成要素は階層性のもとに位置づけられている。

二つには、各構成要素はある目的のもとに集合して活動している。その目的は、社会の価値観である人権思想における人間の尊厳の保持、生活の自立、健康で文化的な生活の保持・増進等をエビデンス（根拠）としている。たとえば難病をもつ利用者への生活支援は、社会資源の支援要素の集合による目的的活動である。このことは現代の科学的思考の新たなパラダイムシフト（思想的変革）によるものである。

2 生活支援における一般システム理論

一般システム理論の創始者である、ルトヴィヒ・フォン・ベルタランフィの理論は、現在のソーシャルワークの核心的な位置を占めている。概括的にいえば、医学モデルは生活問題あるいは社会問題にしろ、医師と患者の関係をとらえて、診断と治療という思考過程による、いわば直線的な因果関係に着眼した社会治療（処遇）である。これに対

して、一般システム理論を用いた統合モデルは、社会資源でのフォーマル、インフォーマルなシステムを多面的に活用する援助法である。このモデルは人間の可能性への信頼を重視する生活モデルへと結びつくのである。ベルタランフィは次のように論じている。

「私たちは現代科学の特徴として、ばらばらな単位が一方むきの因果関係のもとに作用するというこの図式では不十分であることがわかったことをあげることができよう。つまり科学のあらゆる分野は、全体性、全体論、有機体的、ゲシュタルトなどの概念が現れてきたのであって、これらすべては、結局たがいに作用しあう要素からなるシステムという目でものを見なければならないことを意味している。

同時に合目的性や目標指向性の概念も科学の枠外のものとされ、ふしぎな、超自然的な、あるいは擬人的ななにものかの活躍舞台となっていた。さもなければこうした概念は、科学とは本質的に無縁のにせの問題であり、無目的な法則によって支配される自然の上に、観察者の心をまちがって投射したものにすぎないとされた。しかしながらこういう側面はたしかに存在するものであり、適応性、合目的性、目標指向性その他類似の言葉でさまざまに、かなりいいかげんに呼ばれるものを考えにいれずには、行動や人間社会はいうまでもなく、生きた生物体を考えることも、できるものではない。」[3]

（1）システムの思想

ベルタランフィは、人間社会の事柄をばらばらに研究したのでは解決できるものではなく、全体構造の視点から見る「システム」の思想をもって考察すべきことを説いている。

介護福祉に関するシステムの要点は次の二つである。

① システムにおける相互関係の意義

　まずシステムを構成している各要素とは何かであり、その要素の相互関係を形成している理由である。介護福祉の例でいえば、老いや病、心身の障害をもつ人の生活支障からの生活課題に対応するための社会資源である。具体的にいえば、医療、保健、福祉・介護、行政、地域社会の相互支援等である。

　これらは社会の構成要素として存在し、それぞれ役割と機能をもっている。そのためシステムとしての存在理由を考えるにあたっては、ベルタランフィのいう全体性の視点は、ここでの問いに対して、一人の生活者の立場から見ることである。その人の生活ニーズが複合している場合には、それに対応する多様な生活支援のサービスを必要とする。

　次いで各サービスは利用者の生活に収斂しなければならない。たとえば医療における機能訓練は、在宅生活のADL（日常生活動作）の改善に活かされることである。この場合、医療と介護の機能が相互連携のうえに行われる必要があるが、この各要素の連携の紐帯となる基礎的思想が重要となる。

② システムにおける相互連携の思想

　システムを構成している社会資源の各要素は、何の脈絡もなく連携しているわけではない。そこには二つの視点がある。

　一つは理念価値である。すなわち人間の尊厳と自立である。そしてそこから導かれるものに主体性の尊重がある。

　二つには目標と方法（手段）の合目的性であり、それに向けての方法の妥当性である。ここで留意すべきは、それぞれの専門職のもつ価値判断の違いをどう調和させるかである。

　たとえば、医師は医療をもって疾病の治療および健康の維持・増進を目的としている。一方、介護職員は、人間関係を基軸としてADL（日

常生活動作)の支援を行う専門職である。ここでは現実を受け止めて、そこから明日へ向けてのよりよい生活を目指しての生活設計による、人格的態度の変容が期待される。このような理念価値は、いずれも人間社会の普遍的な価値である。そしてそれらの諸価値がシステムの活動の共通の思想的な基盤となる。

(2) システムの構成の理解

　システムを構成している場の特性の理解、そして現代社会における生活支援の諸サービス利用者の人格者としての理解と尊重について、医師の森山公夫は次のように論じている。

　「この質の転換を、わたしは『病院臨床』から『地域臨床』へ、と呼ぶことを冒頭に述べた。この転換が、理念型としていかにあるべきか、についてさらに立ち入って論じてみたい。これは当面四つの局面から語ることにしよう。
　第一は、患者観の転換である。かつて大衆社会―病院医療の時代に、患者は画一化されたアトムとして、その生活の場から切り離された単なる『素材(マテリアル)』であった。いま、この生活者社会―地域ケアーの時代になって、患者は地域社会に生きる人格と権利を有す『生活者』である。彼は生活のなかで喜び、苦悩し、その挙句に病いをもつに至った『われわれ』と同じ存在であり、その過程である時期入院することもありうる存在である。この『素材』視から『生活者』視への抜本的転換こそが、地域臨床にとっての基本課題である。」[4]

　この論説は直接システム理論を述べたものではないが、病院における医療の立場からの患者としての視点で、地域生活における「生活者」として見る人間観を論じている。そして人格と権利を有する「生活者」として見るのである。つまり、生活者におけるシステムとしての生活

支援では、システムを構成するメンバーが共通の理念価値をもって活動することが求められている。

さらに森山は、これまでの実際とその転換について次のように論じている。

「さて第二に、治療構造の転換が問われる。かつて病院医療時代に、治療者とは、医師を絶対的エリートとしそれに下属する看護者というヒエラルキー構造をもち、それがさらに下属する大衆としての患者＝素材に対し医療を施す操作者となった。その構造はいま、二重に変革を迫られている。一つは治療者側が、生活者としての患者への多面的アプローチを可能にするべく、医師・看護者とさらにケース・ワーカー、心理士、作業・理学療法士などコメディカルを加えた民主的チームへと再生することである。こうしていわば生理・心理・社会・倫理的な多面的接近が可能となる。」[5]

この森山の論説は、システムに関し有益な示唆を与えるものであり、システムに関連して三つの重要な視点をあげている。

一つはシステムを、病院の医療のシステムについて、「生活者」としての患者への多面的アプローチとしてとらえていることである。二つにはこのチーム形成は「共感」という人間としての相互理解のうえに成り立っていることである。ここでの問題認識に即していうと、病院から在宅に戻る人は、疾病あるいは外傷の後遺症による生活支障を担っての生活者であろう。すなわち医療および介護等のシステムにおける生活支援である。

システムは目的に基づく活動である。それは、理念価値としての利用者の主体性の尊重である。すなわちシステムを構成している社会資源の各要素は、利用者主体の理念価値のもとに収斂されるのでる。

三つには、システムの構成メンバー間の共感的態度の共有である。それは人間関係の形成から相互の信頼関係を意味している。これらの

ことから、システムにおける各社会資源を統合的に導くのは、社会の理念価値であり、人間の信頼関係であると考える。

3 人間科学としてのシステム理論

　介護福祉におけるシステム理論は、これまでの科学の考え方を変革させるものであった。そして介護福祉が、医療、保健、福祉・介護等の多面的連携の時代に入って、その理論的基盤が求められたときに、ベルタランフィの一般システム理論の影響から、これまでの科学の基礎理論を再考することとなった。そしてその解明を通じて、介護福祉を人間科学として見る理論的な基盤を示すことができるのである。

　これまである学問的領域が科学性を有しているかどうかは、そう確たる根拠があるかどうかは別として、要素還元主義（物事を要素に分けたこと）による、原因と結果の過程が直線的で、それが数量的に実証されることに求められた。確かに事実を解明するためには、分析してその要素の間の関係を明らかにすることは必要である。これは科学的思考と方法であると考えられ、生きている人間の姿ではなく、「素材」として見るものである。

　一方で、システム理論では、ベルタランフィが論じているように、ある社会資源の要素が、有機的につながって全体構造を形成し、ある目的を共有して活動する。このことは、人間生活の課題をいかに適時、適切に解決するか、その目的と手段が合理的であり、かつ妥当性を有するかの視点から判断されるものである。

　たとえば高齢者Aさんは、脳卒中の後遺症に起因して生活支障が生じている。Aさんの生活課題の解決のために、生活支援の要素である、機能訓練、健康管理、介護、住宅改造、福祉用具等の各サービスが、生活自立という価値観のもとに集合して目的的な活動を展開するのである。

このようなシステムを人間科学としてとらえる理由は、二つある。一つは、各生活支援機能が、固有の専門機能を評価できること、そしてシステムとしての総合評価が行われて目的と手段の客観的な妥当性が示されることである。

　二つには、このシステムによる活動は、人間社会の理念価値である。すなわち人間の尊厳と自立である。そしてそこから導かれる主体性の尊重である。これを利用者側から見れば、自分の意思が尊重され、尊敬と共感的理解というシステムの共通の理念があり、それが実践に活かされていることである。

4　生活システム

　生活システムとは、生活を構成している諸要素のつながりをシステムとして見ることである。生活は多様性、複合性を有している。それに対応するために社会資源の要素は集合して目的をもって活動している。これを生活システムという。この生活システムの特性は、生活者の主体的な意思によって、システム化され活動することである。

　それでは生活システムはどのような構造を有しているかを理論的に示す必要がある。まず一般的、客観的な構成要素から見る。新睦人は次のように述べている。

　「そこで、われわれは、『生活システム(ライフ)』という考え方を強調しておきたい。生活システムとは、特定の生活主体が（自己の営みによって）自らのさまざまな生活欲求を満たすために、（社会的・文化的・心理的・生物的・生態的な諸側面の複合的な場面において）生活諸要素を持続的・反復的に制御しながら（意識的・無意識的に）構成している全体の布置状況である。付加的な部分を省略してみると、生活主体が欲求充足のために生活諸要素を組み立てながら日々くり

かえしている状況の全体像である。」⁶⁾

ここで新睦人のいう生活システムの特性は、生活諸要素を組み立てているという生活主体の意義である。これまで生活主体として、生活の営みの主体者としての自己決定権を中心に論じてきた。
ここでさらに新睦人のいう生活主体の意義を見ることにする。

「欲求を充たすということは当然、生命体が自己によって動員できる限りの情報を活用しつつ、さまざまな資源を制御していることを意味する。このような意味での生活を組み立てているのはもちろん生命体そのものであるが、この場合、生活の事実を、生物有機体としての生命維持の主体、欲求をもちその充足のために努力する意識の主体、社会的場面で相互行為しそこに種々の社会システムを形成する社会的主体、そこで必要に応じて創りだすさまざまな道具・規範・精神・知識など文化の担い手としての主体、という四つの行為レベルにおける行為者の行為の複合として把握し、この場合の行為者を『生活主体』と名づけよう。」[7]

この新睦人のいう「生活主体」の名づけおよび生活要素の分類は、生活システム理論として有益なものである。ここで介護福祉の視点から生活システムの要素について、理論と実践の総合的な立場から示すことにする。これは生活支援における、利用者の生活ニーズと、対応する社会資源の要素を明らかにするものである。
　125頁にあげた①から③のシステムは、いわばアブラハム・マズローのいう欠乏からのニーズの充足のシステムである。そして各システムは、切り離されているものではなく、生活の営みのなかに相互関連しているのである。その階層性のなかで何を優先すべきかは、利用者の主体的な意思決定によるのである。そして④の自己実現のシステムは、人間の価値実現の問題であり、具体的な要素をもってシステム化

> ① 生命の維持・改善：生理的ニーズ……医療・保健・介護等のシステム
> ② 生活自立にかかわるニーズ……日常生活、社会生活における環境システム
> ③ 社会関係の維持・改善のニーズ……社会的・文化的な活動・参加のシステム
> ④ 自己実現のニーズ……①～③を通じての全体的・全人格的視点からのシステム

できないものである。自己実現にはシステムを形成している理念価値があり、その理念価値を関係する各メンバーが共有している。そのことが、利用者が自分らしい生き方を志向していくことへの理念的な方向性を示すものである。

それでは人間科学としての科学性をどこに求めるかである。生活支援のニーズの充足がシステムとして行われるという、その科学性の解明である。

5 生活システムの科学性

生活システムの科学性は、生活システムの理論と展開が客観的な妥当性を有することにある。ここで述べるのは科学論一般ではなく、システムの科学性である。つまりシステムとはすでに述べてきたように、ある社会の構成単位があるつながりをもっての全体性をいうのである。

それはこれまでの要素還元主義とは異なり、それぞれの社会資源の特性を生かしながらも一つのまとまった構造と活動を意味するのである。その科学性はまったく新たなパラダイムシフト（思想的変革）に

よるものである。これを次のように考えている。
① 自然科学のように、ある事柄の法則性を見い出すから客観的というのではない。人間科学においては、理念価値から現実価値をエビデンスとすることを客観的というのである。
② システムの存在理由、活動目的は、人間の尊厳の保持、生活の自立、主体性の尊重、健康で文化的な生活諸価値の実現である。
③ システムの客観性は、社会制度としての客観化である。すなわちすべての人が普遍的にこの制度を利用することができることである。これは個人のニーズを充足するための手段の社会的な共有化である。
④ これらの生活システムの原点は、個人主体性である。個人の意思が、生活システムを利用することは、自己の生活の変革であり、新たなライフスタイルの形成である。その人らしい生活を歴史的、文化的、地域性等の背景因子を十分評価したうえでの目的的な生活支援は科学性を有しているのである。

1) 佐藤慶幸著『社会学講義』有斐閣、1999 年、1～2 頁
2) 北原貞輔著『システム科学入門』有斐閣、1986 年、19 頁
3) L. von ベルタランフィ著、長野敬・太田邦昌訳『一般システム理論』みすず書房、1973 年、42 頁
4) 森山公夫著「現代医学の思想」新田義弘ほか編『岩波講座現代思想⑫ 生命とシステムの思想』岩波書店、1994 年、34 頁
5) 前出 4)、35～36 頁
6) 新睦人・中野秀一郎著『社会システムの考え方』有斐閣、1981 年、222 頁
7) 前出 6)、221 頁

第8章 介護過程の基礎理論

1 介護福祉における介護過程の意義

　人は老いを迎え、病をもち、心身の障害等に起因した生活支障を担って生活を営んでいる。しかし人はいかなる生活の状況下であっても、幸せな生活を求めている。そのために介護サービスを利用して、生命の維持、生活の営みに必要な、食事、入浴、排泄等の生活ニーズの充足を必要とするのである。このことはこれまで家族介護を中心として行われてきたのである。

　しかし、超高齢社会の到来と社会構造の変化における家族の介護機能の衰退に伴い、国家はその責務として、高齢者および障害をもつ人の生活保障のために、法律を制定し介護福祉の制度も設けてきた。すなわち国民一人ひとりの生活ニーズの充足は、国家の法制度によって実現するのである。

　さて介護過程は、単に個人の生活支援にとどまるだけでなく、そこには個人の幸せを国家が支援することの意義と目的が内在している。それでは国家と国民をつなぐ思想（生活・人生の考え方）は何かを示す必要がある。尾高朝雄は次のように論じている。

　「いかなる理念も、いかなる組織も、いかなる指導者も、国民の実践生活から遊離してしまえば、もはや掛け声だけの政治となって、現実の力を発揮することはできない。打つ撞木なくして鐘は鳴らないが、鳴るのは鐘であって撞木ではない。しかるに、鳴る鐘には音

色がある。政治力の根源たる国民精神には、特殊の歴史があり、伝統があり、性格があり、風土や環境の影響がある。」[1)]

　尾高の論説を、介護福祉に関連して考察すれば、国家は理念を掲げて国民の生活を保障するということである。すなわち法制度によって生活支援のあるべき指針を示すのである。これは国民一般に及ぶのであるから普遍性をもつのである。
　一方国民の側からは、一人ひとりの生活ニーズの充足を望むものなので、個別性を有している。すなわち、生活の歴史があり、個別の状況がある。ここにあげた国家と国民の関係は、介護過程における核心的な課題である。
　介護過程は、憲法第13条および第25条に示されている幸福追求権、個人の尊重、健康で文化的な最低限度の生活の保障等の理念をもって展開される。そして現実の介護過程の展開においては、介護サービスを必要とする利用者（以下、利用者という）の意向を尊重しながら、生活の安全、安定、生活自立への方向で行われる。

2 介護過程における生活支援の基礎理論

　介護過程は、老いや病、心身の障害等に起因する生活支障の克服のために、利用者に対して介護サービスを提供する全体の過程を示すものである。
　介護過程の目的は、ひと言で言うならば、"生活の支援"である。その生活については、個人の生活の彩りがあり、生活上のニーズも多様であるので、介護過程の展開に当たっては個人の生活を理解することが時として困難になる。介護過程が専門的視点から適時、適切に展開されるためには、人間生活の基本的な理解が必要である。

（1）人間生活の基本的理解

　人間生活の基本的な理解のためには日々の暮らしを知ることである。暮らしは連続しているから、その全体の流れをとらえてみることが大切である。その全体の流れを人生という。したがって介護過程は日々の暮らしを支援することであり、同時に人生にもかかわるのである。介護過程を通して入浴、食事、排泄等の日常生活を支援していくことで、生活の安心・安定を図り、そこから新たに人生を生き抜く力を得ていくのである。

　たとえば25歳の青年は交通事故で頸髄損傷による全介助の生活状況である。介護過程では、この青年の苦悩や絶望を理解しながら必要な介護サービスを計画するのである。あるいはターミナルケアにおける「その人らしい最期が迎えられるように」という介護を全人的理解のうえに、これまでの人生を包括的にとらえた介護に配慮する。

　人間生活は、いかなる状況下にあっても常に幸せな生活を求めている。これは理念としての彼岸にあるもので、直接には介護過程の目標にはならない。一方では、現実の生活上でさしせまった生活課題を介護サービスで解決したいという課題がある。この理念と現実の二重の関係は、人間の生活では理念が現実に生きる力を与えることで人格的に統合されている。

（2）利用者主体の理念と実践

　介護過程における究極の価値観は、人間の尊厳と自立である。人間の尊厳は理念価値であるから、直接の介護過程の対象とはならない。そこで人間の尊厳から導かれる"利用者主体"の価値観をもって介護過程のエビデンス（根拠）とするのである。その理由は、介護過程の利用者が、自己の生活課題の克服のために介護サービスを利用する道

筋にある。その妥当性は利用者の主体的な意思決定を、どのように尊重して介護サービスを作成しているかの実証性にある。これは自己決定の尊重といわれる。

　自己決定は、当然のことながら、自己決定の前提として選択肢がある。時としてあれか、これかと迷い、揺れ動きながら決定することもある。それゆえに自分で決めたことだからという責任ある態度が生まれる。

　すでに述べてきたように選択と責任は自己実現のための必須の要件である。後に述べるようにICF（国際生活機能分類）における「活動と参加」はこの主体性の尊重のもとに展開される。ここまで述べてきたことから、主体性は、人間が自己の人生を主体的に決定して生きていることであるといえる。

　さて自立は、自らの意思で自己の人生を主体的に選び取ることである。このことから人間の尊厳は自立を内包しているといえる。介護過程において問題となるのは、価値のジレンマ（矛盾）である。

　たとえば利用者Aさんは糖尿病の持病があり、医師からは病状の改善のために食事療法の診断が出ている。Aさんは、「生活に何の楽しみもないのだから、好きなものを食べて過ごしたい」と言う。Aさんの自己決定は主体性に基づく価値の選択である。一方医師の診断は、健康の維持・増進という価値をエビデンスとしている。

　介護過程において、困難かつ重要なことは、このようにさまざまな場面で複数の価値が併存していることである。ここでは相互の信頼関係のもとに相手から学び合うことが大切となる。

（3）介護過程における社会資源

　介護過程は生活支援であるから、生活の場において展開される。すなわち、生活課題の解決は社会資源との相互関係によって実践される。これを二つの視点から考察する。

第一の視点は、介護過程における利用者の生活課題の解決は、環境によって影響されながらも、かつ、環境を改善することによって行われることである。

　たとえば高齢者が近隣の介護サービスを利用しながら、家族や友人、知人の人間関係を維持し深めていくことである。あるいは介護職員が、身体障害をもつ人の社会活動が困難な理由をよく見て、行動の自由、職業や文化活動の環境を改善することである。それらは介護過程において、地域社会との関係を計画に取り入れることが求められる。

　そのなかで最も重要なのは、地域住民の意識形成である。これは直接には介護過程の計画内容ではないが、介護サービス計画（ケアプラン）の作成過程で考慮すべき課題である。たとえば、認知症をもつ高齢者の在宅生活のケアプランでは、地域の人々の意識について、認知症高齢者の症状をよく理解し、あたたかいまなざしでともに暮らす地域社会の形成が課題となる。

　第二の視点は、利用者の生活上のニーズの多くは、多様性をもち、かつ複合的ということである。したがってそれらのニーズに対応するうえで、社会資源における保健、医療、福祉・介護等の連携・協働が必要となる。このことにより、介護過程において次のことが課題となる。

① 介護過程は、医療、保健、福祉・介護等の各関係機関の生活システム形成によって行われる。すなわち社会資源の各要素は生活支援の目的のために集合して活動する。
② 介護過程においては、生活システムは合目的性をもって運用される。すなわち各サービスの機能は、利用者主体のもとに統合される。
③ 介護過程における社会の各生活支援機能は、共通の目的をもって活動する。その法的根拠は介護保険法（第1条）の目的に示されている。

> 第1条　この法律は、加齢に伴って生ずる心身の変化に起因する疾病等により要介護状態となり、入浴、排せつ、食事等の介護、機能訓練並びに看護及び療養上の管理その他の医療を要する者等について、これらの者が尊厳を保持し、その有する能力に応じ自立した日常生活を営むことができるよう、必要な保健医療サービス及び福祉サービスに係る給付を行うため、国民の共同連帯の理念に基づき介護保険制度を設け、その行う保険給付等に関して必要な事項を定め、もって国民の保健医療の向上及び福祉の増進を図ることを目的とする。

　介護保険制度の目的は、利用者の尊厳の保持および自立した生活を営むことができるように、必要な保健医療サービスおよび福祉サービスを提供することである。同時に介護過程の基盤となる国民の共同連帯の理念に基づいている。

3 介護過程における人間関係と時間性

（1）介護過程における人間関係

　介護過程における人間関係は、出会いから始まる。それは街角での友人との出会いや、物の売買における店員との関係ではない。ここでは介護サービスの利用関係における出会いである。それは介護過程を担当する職員（以下、介護職員という）が利用者の生活上の課題にかかわる関係である。

　この関係は二つの特性がある。一つは利用者の生活にかかわるといったが、それは利用者と話し合いの場があること、そしてどのよう

な話し合いになるのかは、利用者の意思に委ねられることである。そのことがより円滑に進むためには、相互の信頼関係が基盤となる。

　二つには、介護職員は、信頼関係の形成において社会人としての人格者であること、介護に関する知識と生活支援技術を有していることである。

　これらは介護過程において、その目的と手段（方法）の関係がよりよく展開するための基礎的な段階としての人間関係を取り上げたものである。したがって介護過程に限ったものではない。そこで次の段階として人間理解における二つの視点をあげる。それは因果関係と解釈・判断についてである。

① 　介護過程においては、利用者あるいは家族から、どのような生活状況下にあるかを傾聴するであろう。すなわち老いや病、心身の障害等に起因する生活支障であるとすれば、それは医学的な原因があって現在（結果）があるとの因果関係の理解である。

　　しかし介護過程においては、家族の介護状況や生活環境の状況などの総合的な判断が求められる。

　　特に重要なのは利用者の意思である。これは介護サービスを利用する意思の自己決定にとどまらず、いかに自分らしく生きるかの現実を超越した課題がある。これらを総合して判断するための情報として、保健医療サービス、福祉サービス関係者ならびに利用者側からの多面的な情報が求められてくる。それは目に見える世界であり、外形的な意味におけるエビデンスとして理解できるものである。

② 　利用者の心のうちの理解である。これは目に見える形で示すことができない。したがって心の交流によって推察することになる。介護職員側からの共感、洞察といったことからの理解である。もっともこのような概念をもって直ちに利用者の内心がわかるわけではない。さらにいえば、共感や洞察は介護職員側の心の深みの問題でもある。

　　そして大切なことは、心の理解は、日常生活のさまざまな出来事

や関係性のなかから、重ね合わせて理解していくということである。これは介護過程における人間理解の重要なポイントになる。

　たとえば認知症をもつ高齢者の心の理解は、人間関係を通じた人間の本質としての理解、普遍性をもった理解（気分がよい、楽しい、美しい、人との語らいなど）である。そしてその人らしい個性をもった人の理解である。

　ここにあげた人間理解の考え方は、介護過程においては、ケアプランの判断資料となるのでサービス担当者会議において吟味・検証されることになる。

（2）介護過程における時間性

　人はいつの間にか老いがやってくる。そして病や障害を担うことにもなる。そこに人生における困惑、不安、悲哀があるが、人はそこにとどまるのではなく、新たな世界を求めるのである。そこには時の流れがある。しかし人は時の流れに身を任せているわけではなく、自らの理念と行動でよりよい生活を目指すのである。

　この時間性は、介護過程で重要な概念である。ケアプランのなかで具体的に示されることは少ないが、目標の根底にある概念として、さまざまな視点から考慮されるのである。

　たとえば「価値の転換」あるいは「障害の受容」という概念がある。これまでの生活から老いや障害を受け止めて、新たな価値観による生活設計を創ることである。

　このことはいうほどに容易ではない。介護過程において、十分な介護サービスを提供しながら、豊かな人間関係のなかで、時間性のもとで自らの人生を創造していくものである。その時間性から得られたものは、何ものにも替え難い貴重な人生の資産となる。

4 介護過程の科学性

（1）介護過程における科学性とは何か

　介護過程は、介護サービスを利用者の意向を尊重していかに提供するかの目的と方法（手段）の全体像を示すものである。これは介護福祉における基軸となる領域である。そして介護サービスにおける学的体系は、価値（理念価値および現実価値）・知識（専門職としての必要な知識）・方法（技術・手段）の体系である。そして利用者と直接向かい合って具体的な介護サービスを提供する。

　それでは介護過程の科学性のエビデンスとは何かである。科学性とは普遍性、論理性、客観性の要件を備えていることである。これは従来、自然科学がこの要件をよく備えているとされてきた。しかし介護過程は自然科学の方法を、介護福祉の中軸とはしないのである。私は"人間科学"の視点をもって介護過程の科学性を論証するのである。

① 介護過程は普遍性を有する価値をエビデンスとしている

　介護過程における目的およびそのための方法は普遍的価値をエビデンスとしている。価値が普遍性を有していることは、わが国の憲法および世界人権宣言等に掲げる人権思想に掲げる価値をエビデンスとしている。すなわち個人の尊重、幸福追求権、人間に値する生活の保障等である。そしてそれらの理念価値を現実に活かすため、社会福祉法をはじめ福祉関係の法規範によって現実価値としての自立、自己決定等が行われている。

　介護過程の展開は、これらの理念価値、現実価値を背景にもちながら行われている。たとえば利用者の意向を尊重していること、自立に向けた食事介護等をケアプランにおいて実証することである。

② ケアプランは論理性をエビデンスとして作成している

　私は介護の専門性を、介護過程の論理明晰性にも求めている。私の経験において、この論理性が明晰に示されるのは、現在のケアカンファレンス（サービス担当者会議）の場面であった。ここでの論理性とは、介護過程の手順が合理的であり、かつ、考え方が平明に示されていることである。しかし何が合理的な手続きであり、平明な思考であるかは、さらなる説明が必要であろう。

　このことについて、ルネ・デカルトは著書『方法序説』において、四つの原則をあげて次のように論じている。

> 　「第一は、わたしが明証的に真であると認めるのでなければ、どんなことでも真として受け入れないことだった。言い換えれば、注意ぶかく速断と偏見を避けること、そして疑いをさしはさむ余地のまったくないほど明晰かつ判明に精神に現れるもの以外は、何もわたしの判断のなかに含めないこと。
> 　第二は、わたしが検討する難問の一つ一つを、できるだけ多くの、しかも問題をよりよく解くために必要なだけの小部分に分割すること。
> 　第三は、わたしの思考を順序にしたがって導くこと。そこでは、もっとも単純でもっとも認識しやすいものから始めて、少しずつ階段を昇るようにして、もっとも複雑なものの認識にまで昇っていき、自然のままでは互いに前後の順序がつかないものの間にさえも順序を想定して進むこと。
> 　そして最後は、すべての場合に、完全な枚挙と全体にわたる見直しをして、なにも見落とさなかったと確信すること。」[2]

　このデカルトの論旨を介護過程において援用してみると、次の3点に要約して考えることができる。

① 速断と偏見を排除することである。このことを明晰にかつ判明に明らかなもの以外は判断に含まないことである。これを介護過程において見れば、事実として、あるいは疑うことのできない情報（たとえば医学的診断、ADL（日常生活動作）の状況）を明証性（エビデンス）として取り入れることである。もっともここでの明証性は推移する可能性がある。

② ある問題を分割して考えることである。これは介護過程においては、まず生活支障の状況を概括的に理解し、それを項目別に分析してより的確に理解することである。

これは項目別情報と数量的情報に分けて行われる。たとえば入浴が困難であるとの課題について、その内容を分けて理解すること、健康状態を数値として理解することである。

③ ①と②を総合して、全体を見通して介護過程を確認することである。デカルトがこの書を出版したのは1637年である。今日に至るまでさまざまな視点から引用され論議されている。

③ 介護サービスは客観性が求められる

客観性は一般には、すべての人が認めざるを得ない、明白なエビデンスをもった事柄を意味している。重要なことは科学性の要件を客観性としていることである。特に近代科学は、この客観性をよりどころとして成り立っている。それは人間がある素材（マテリアル）を対象化し、計量、測定、実験、数的実証等による客観性である。

そして人間の生の営み、生活の現実をみることである。しかし、それは個性に満ちた主観でないかとの意見があり得る。生活の営みは、生活者の主体性による選択と責任に基づくものである。したがって、この生活世界は個人の主観によって彩られたものである。一方で、社会においては人々の間に共通の考え方や行動の指針があって安定した生活が営まれている。すなわち個人の主観は単独で存在するものではなく、社会の価値基準によって客観的存在となるのである。

この問題を介護過程における客観性としてみるとき、ケアプランは利用者の意向（主観）が尊重して作成される。その作成過程は客観性を有している。そのエビデンスは、ケアプラン作成の各メンバーの主観的判断が、ケアカンファレンスにおいて、協議し合意されて共有化されたことで客観化されるからである。この問題は、人間社会の意思形成の根源的な問題である。このことについて、アルフレッド・シュッツは次のように論じている。

　「私の日常生活の世界は、決して私だけの私的な世界ではなく、はじめから間主観的な世界である。それは私が仲間の人間と共有している世界、他者によって経験され解釈されている世界、つまり、われわれすべてに共通な世界である。私は、私の存在のいかなる瞬間にも、この世界において自己を独自な生活史的状況のなかに見出すのだが、この生活史的状況のうちで私自身の手になるものはごく一部にすぎない。私が常に自己をそのなかに見出す歴史的に与えられた世界は、自然的世界としても社会文化的世界としても私の生まれる前から存在し、私が死んだあとも存在しつづける。このことは、私の世界であるばかりでなく、仲間の人間たちの環境でもあるということを意味している。」[3]

　シュッツの論説は、主観の共有化すなわち間主観性について平易に説いている。特に着目すべきは、私の世界は、他者により経験され解釈されている世界ということである。そしてそれらの世界は相互に共有され受け継がれていくものであると述べている。
　さてこれまで述べてきたことが介護過程においてどのような意味をもつかについて、二つの点から見ることができる。一つは自然科学的な数的な客観性は、利用者の意思という主観に取り入れられて、両者は統合されるものである。
　二つには、介護過程における利用者および関係者のそれぞれの主観

的理解・判断は、共通の理念価値、現実価値の共有によって客観性を有するものとなる。

5 介護過程とICF

（1）ICFの思想

　ICF（国際生活機能分類）は、医学モデルと社会モデルの統合に基づいている。ICFはWHO（世界保健機関）総会で採択されたものである。WHOは医学モデルと社会モデルについて次のように述べている。

　「障害と生活機能の理解と説明のために、さまざまな概念モデルが提案されてきた。それらは「医学モデル」対「社会モデル」という弁証法で表現されうる。医学モデルでは、障害という現象を個人の問題としてとらえ、病気・外傷やその他の健康状態から直接的に生じるものであり、専門職による個別的な治療というかたちでの医療を必要とするものとみる。障害への対処は、治癒あるいは個人のよりよい適応と行動変容を目標になされる。（中略）一方、社会モデルでは障害を主として社会によって作られた問題とみなし、基本的に障害のある人の社会への完全な統合の問題としてみる。障害は個人に帰属するものではなく、諸状態の集合体であり、その多くが社会環境によって作り出されたものであるとされる。したがって、この問題に取り組むには社会的行動が求められ、障害のある人の社会生活の全分野への完全参加に必要な環境の変更を社会全体の共同責任とする。したがって、問題なのは社会変化を求める態度上または思想上の課題であり、政治的なレベルにおいては人権問題とされる。

このモデルでは、障害は政治的問題となる。」[4]

　このWHOのICFの思想は、医学モデルと社会モデルの統合のモデルと説明されている。これは介護過程の専門性の構築に有益な示唆を与えるものである。
　そこでこの二つの思想の意義を理解するとともに、それらの統合とはどのようなものであるかを見る。そしてICFの思想が介護過程に、どのように取り入れられるかを考える。以下にWHOの『国際生活機能分類』の記述から骨子をあげる。

① 医学モデルは、障害は病気、外傷等の健康状態から直接に生じたものである。したがって、治療という意味では医療であり、個人的な問題である。
② ICFは、健康状態（病気（疾病）、変調、障害など）を病因論的な枠組みによって分類している。
③ 社会モデルは、障害を主として社会によってつくられた問題とみなしている。
④ 障害は個人に帰属するものではなく、諸状態の集合である。その多くが社会環境によってつくり出されたものである。
⑤ 生活機能（functioning）とは、心身機能・身体構造、活動、参加のすべてを含む包括用語である。
⑥ 障害（disability）は、機能障害（構造障害を含む）、活動制限、参加制約のすべて含む包括用語として用いられている。
⑦ 背景因子として環境因子を位置づけている。
⑧ 以上にあげた構成概念は相互作用するものである。

（2）介護過程において ICFをどのように取り入れるか

① 医学モデルの思考過程は、論理明晰性を有している

　社会福祉におけるケースワーク（個別援助技術）において、かつて伝統的に主張されてきた医学モデルを取り上げる。これは、インテーク（受理）→社会診断→社会治療の過程による展開過程である。

　これは医師が患者を診る過程の援用である。現実と目的との間を結ぶ方法（手順）が合理的であり、首尾一貫しておりわかりやすい。また、方法論として現在においても有益である。

　一方、医学モデルにおける疾病の理解と治療の思考過程からは、人間の思想、生活環境、自立に向けた可能性等の思想が十分に反映されていないところがある。これを相補うのが社会モデルとなる。

② ICFにおける、生活機能、障害、健康等は相互関係である

　ICFを構成している各要素は、相互関係であるとしている。ここで介護過程において参考になるのは、背景因子である。ICFは次のように述べている。

　「背景因子（contextual factors）は、個人の人生と生活に関する背景全体を表す。それは環境因子と個人因子の2つの構成要素からなり、ある健康状態にある個人やその人の健康状況や健康関連状況に影響を及ぼしうるものである。

　環境因子（environmental factors）とは人々が生活し、人生を送っている物的な環境や社会的環境、人々の社会的な態度による環境を構成する因子のことである。その因子は個人の外部にあり、その人の社会の一員としての実行状況、課題や行為の遂行能力、心身機能・

身体構造に対して、肯定的な影響または否定的な影響を及ぼしうる。」[5]

　ここではICFの各構成要素間の相互関係に影響を与える環境について述べてきた。相互関係では、健康に関する医療関係者と、活動への支援者との連携・協働のようなICFにかかわる専門職間の相互の役割が重要である。

③ ICFは社会の理念を示している

　ICFは、社会モデルの説明において、障害は社会によってつくられた問題とみなしている。そして障害は個人に帰属するものではなく、諸状態の集合体であるとしている。WHOがICFを発表するにあたって、このような社会の理念を示したことは高く評価されるものである。

　いつの時代にあっても人は老いを迎え、病をもち、心身の障害を担って生活している。これは人間の社会の通常の姿であり、特別なことではない。しかし障害等があるがゆえに、教育、職業、活動、参加、文化等の機会が制約を受けていたとすれば、それは個人の問題に帰するのではなく、社会によってつくられたものである。ICFを介護過程に活かすためには、この理念を背景にもつことが求められる。

④ ICFの特性の一つに生活機能の概念がある

　生活機能とは、心身機能・身体構造、活動、参加のすべてを含む包括用語と定義されている。そしてICFに記述されている生活機能と障害の過程について次のように述べている。

　「ICFは分類であり、生活機能や障害の「過程」をモデル化するものではない。しかし、ICFはさまざまな構成概念や領域を位置づける手段を提供することによって、過程の記述のためにも役立つもの

である。ICFが提供するのは、相互作用的で発展的な過程としての、生活機能と障害の分類への多角的アプローチである。これは利用者に「建築材料」を提供するものであり、誰でもこれを使ってモデルを作ったり、この過程を異なった側面から研究したりすることができる。」6)

ICFのいう生活機能は、多面的なアプローチであり、利用者に建築材料を提供するものであるとしている。これを介護過程にどのように活かすかが課題となる。

◆ ICFの構成要素間の相互作用

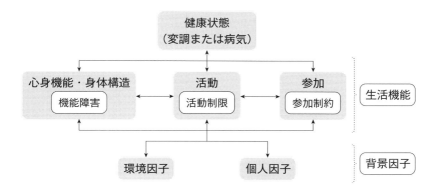

出典：障害者福祉研究会編『ICF 国際生活機能分類―国際障害分類改定版―』中央法規出版、2002年、17頁を一部改変

⑤ 介護過程と生活機能

介護過程では、ICFのいう生活機能を、老いや病、障害等を担う人、介護サービスを必要としている人の生活機能である、と考えている。個別の状況と人間の普遍的な本質の二重の構造を見るために、そのような生活状況下にある人の活動・参加とは何かを問うのである。

それは一人の人間の生活機能として統合される。まず個別の状況下における生活機能である。背景因子として個人因子と環境因子がある。個人因子は、個人のプロフィール、障害の種別・程度、生活支障の状況、生活の過ごし方、これまでの生活等である。環境因子は、家族および生活状況、社会関係、それらを通じての人間関係等である。これらは生活機能の基礎情報である。

次いで個人因子のなかで核心的な要素としての活動、参加への"意欲"である。この意欲の促進にかかわる因子は、何が必要とされるかを常に吟味・検証する必要がある。

⑥ 活動と参加

活動は主体性に基づく心身の躍動である。ここで留意すべきは、老いや病、あるいは障害に起因する生活支障は不可逆性の状況であるということだが、障害をもつがゆえに活動、参加が制約されてはならないのである。多くの場合、障害は生活または社会環境との相関において生じるのである。

ここでICFの示す活動、参加の定義をあげる。

＜活動＞

「活動（activity）とは、課題や行為の個人による遂行のことである。それは生活機能の個人的な観点を表す。」[7]

＜参加＞

「参加（participation）とは、生活・人生場面への関わりのことである。それは生活機能の社会的な観点を表す。」[8]

次に、介護過程に関連した活動、参加の基本的意義について考察する。

まず活動について二つの視点から見る。一つは、活動は利用者の主

体性に基づく心身の躍動である。すなわち精神の働きがあって身体的な活動が行われる。その場合の活動は、利用者の可能な範囲の力を発揮することである。

　二つには利用者が生活の現実から何かを志向することである。人間は何の目的もなく行動することはない。その目的は現実の状況をふまえて志向されるのである。これは現実から理念に向かう人間の努力の姿である。そしてこのことは個人にとっても社会においても普遍の原理である。

　次いで参加であるが、参加は利用者の社会的、経済的、文化的諸活動にある。あるいは常に参加の機会と環境が用意されることである。参加は利用者の意思が尊重されることであるが、これは社会の仕組みとして保障されるのである。

　たとえば障害をもつ児童の教育、社会的・文化的な場への参加である。これらは、特に社会環境を整えることおよび地域社会の人々の意識形成が重要な課題となる。これらのことは精神的かつ身体的な条件が必要ではないか、たとえば認知症高齢者あるいは重度の障害をもつ人の参加は困難な場合があるのではないかという論議があり得る。WHOがいうようにICFはすべての人のためのものであるから例外は存在しないのである。

　そこで参加の基底概念として"役割"を含むものと考えられている。すなわち人間は生まれながらにして、他の人とある関係のもとに成長し生活を営んでいる。それはある役割のもとにおいてということである。

　社会環境とは、家族をはじめさまざまな社会集団である。その社会的な役割を果たすうえで障害等があるがゆえに阻害因子となっているときに、その改善が社会的な課題となる。そして促進因子としての制度的施策や介護福祉の使命がある。

　この活動、参加は、単なる理念あるいは用語の解説に終わるのではなく、介護福祉の実践において活かされなければ意味がないのである。

実際の場面では、たとえば重度の障害をもつ人、あるいは認知症高齢者の活動、参加の支援については、介護職員は利用者とともに行うことが多いであろう。このことについて、ミルトン・メイヤロフは次のように論じている。

「≪広い意味でいえば、"相手とともにいる"ことは、ケアすること自体の過程を特徴づけている。すなわち他者をケアしているときに、私たちは外側から彼について知るのとは全く対照的に、彼独自の世界の中で、基本的に彼とともにいることができているといえるのである。≫これは、私たちが相手とともにいないとき、私たちの関心や関心をいだく期待がずれてくるが、それをみても明らかである。狭い意味でいえば、"相手とともにいる"ことは、ケアのもつリズムの一つの相であり、その当の相手とぴったりと、ともにいるということなのである。これは私たちの理解を高め、かように相手の要求にもっとこたえていこうとするために、私たちが経験の吟味をしたり反省をする際の、比較的離れた立場から相手をみる相と対照をなすものであるといえよう。」9)

このメイヤロフの論説は、他人をケアすることとは基本的原理であることを示したものである。介護福祉の専門性についていえば"ともにいる"とは、まず直接の人間関係であること、介護職員は自己の先入見や見解を留保することである。それは利用者への尊敬と共感による態度である。メイヤロフのいう吟味や反省は、介護職員が自己自身を観るために、自己を振り返ることで、自己を客観視することである。

ここに述べたことは、ICFが直接示したものではない。しかしWHOが述べているように利用者に「建築材料」を提供するものであり、さまざまな視点からの活用を求めている。そして厚生労働省は『生活機能分類の活用に向けて』のなかで、次のように述べている。

「特に『よりよい生活を送るためにはどうすればよいのか』ということについて、当人、家族及び専門職種を含めた関係者の間で、気づき、考えるための共通認識を得ることが目的となるのではないか。」[10]

これらの考え方は、介護については福祉サービスの基礎理論のうえで有益である。すなわち活動、参加の究極の目標は、活動については心身の活性化であり、参加についてはその概念のなかに役割を含むものである。さらにすべての人にとっての普遍性をもつ役割は、人間の存在である。それは人間の幸せを志向して、日々よりよい生活を求めていく過程なのである。

事例

佐伯さん（76歳：女性）は、認知症の症状があり、在宅での一人暮らしが無理なので、特別養護老人ホームを利用している。娘の君子さんは夫が事故で死亡してからは仕事をしており、母の介護は難しい事情があった。君子さんには子どもが一人いる（澄夫さん）。佐伯さんは孫の澄夫さんを育ててきた。澄夫さんは成長し就職して海外勤務である。澄夫さんは休暇で1年ぶりに帰国して、佐伯さんに会うため施設を訪れた。澄夫さんは「ただいま帰ってきました」と挨拶したが佐伯さんは「どちらの方ですか」と挨拶を返した。

担当の介護職員は、"わかってくれたら"と少々残念に思った。しかし澄夫さんは、「僕は、大切なおばあちゃんが、生きていて会えることが一番の願いなのです。それで十分なのです」と話をしてくれた。

考察

この事例の佐伯さんと孫の澄夫さんの関係である。澄夫さんの気持

ちは祖母に対する人間の情であろう。それは法律や理論によるものではない。つまりこの世に一人しかいない祖母の存在への思いであろう。

　このような個人の情緒が、個々の問題を超えて、人間存在の普遍的な課題になるのである。法制度や社会の仕組みでは、人間の愛情や気づかいが基盤になっているのである。すなわちICFにおける活動・参加（役割）は、人間社会のヒューマニズムの思想に基づいているのである。

1）尾高朝雄著『法の窮極に在るもの』有斐閣、1955年、204～205頁
2）R. デカルト著、谷川多佳子訳『方法序説』岩波書店、2001年、28～29頁
3）A. シュッツ著、森川眞規雄・浜日出夫訳『現象学的社会学』紀伊国屋書店、1980年、147頁
4）障害者福祉研究会編『ICF 国際生活機能分類―国際障害分類改定版―』中央法規出版、2002年、18頁
5）前出4）、15頁
6）前出4）、16頁
7）前出4）、205頁
8）前出4）、205頁
9）M. メイヤロフ著、田村真・向野宣之訳『ケアの本質』ゆみる出版、1987年、97頁
10）厚生労働省大臣官房統計情報部編『生活機能分類の活用に向けて』厚生労働統計協会、2007年、7頁

第9章 介護過程の実践

1 介護過程を学ぶとは

　人は老い、病、心身の障害等に起因して生活支障が生じ、その状況下における生活課題によるニーズが生じる。この個人的ニーズの充足について、人権保障の理念から、国家施策としての介護サービスの提供がある。これは国民的な課題であるから、適時・適切に行われなければならない。

　これには二つの視点がある。一つは介護サービスを必要とする利用者（以下、利用者という）や家族が、ニーズの充足の過程を体験的に認識できることである。これは出会い・相談の場面から介護サービス提供による生活課題の解決の成果の実感であり、介護過程における評価（効果）の問題である。

　二つには、介護過程は結果のみを追い求めるものではないということである。目標があり、それに向かう方法（手段）との科学性、合目的性が問われるのである。そうでなければ、介護サービス提供者側の思いつき、あるいはパターナリズム（父権的温情主義）に終わる可能性がある。

　したがって介護過程は、目に見える形で示す必要がある。つまり各段階の時間性をもって流れていく過程をフローチャートによって示すのである。そして重要なことであるが、これまで基礎理論で述べてきた理念価値および現実価値がそれぞれの段階において、どのように生かされているかを論証する。

2 介護過程の実践
―― フローチャートでの展開

　介護過程は以下のようにフローチャート（介護過程図）をもって示すことが有益である。

◆ フローチャート

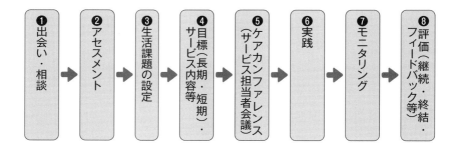

　このフローチャートは、次の特性を有している。
① ❶～❽の各段階は、相互に関連し合って全体を統一した過程としている。たとえば❽の評価は、❶の相談における利用者および家族の意向との関連が評価される。かつて私が障害者のリハビリテーションに従事していた頃、リハビリテーションは"評価に始まって評価に終わる"といわれていた。このことは現在の介護過程でいう❶および❷から始まって❽で終結する関連をいうのである。
② この図は、介護福祉の科学性を表す「論理性」を示すものである。論理性とは、思考過程と方法の首尾一貫した体系性を有していることである。これは医学モデルに範例を求めたものと理解できる。
　ここで WHO（世界保健機関）の ICIDH（International Classification of Impairments, Disabilities and Handicaps；国際障害分類）および社会福祉の個別援助技術（ケースワーク）の例をあげる。

㋐　ICIDHにおける「機能損傷→能力低下→社会的不利」の過程である。
㋑　個別援助技術における「インテーク→社会診断→社会治療」の過程である。
③　この図は、医学モデルを範例としている。すなわち医師が患者を診る方式の援用である。一方、社会モデルは、個人と社会の関係における活動・参加の概念を取り入れている。ICF（国際生活機能分類）はこの両モデルの統合である。

そこで介護過程では、ICFの考え方を取り入れることで、思考過程は論理性をもち、生活課題の解決には合目的性を有している。そしてICFの生活機能の思想・方法は、介護過程の各段階の基本指針として生かされるのである。

3 出会い・相談

（1）出会いについて

人は老いや病、心身の障害等によって生活支障が生じるのである。そして何らかの解決を求めて相談にやってくる。一方では、社会制度として、介護サービスを提供する場が用意されている。これは昔も今も社会福祉における生活支援の原点である。

ここで人と人との出会いがあり、新たな人間関係の一期一会の出会いがある。これまで何の関係もなかった人が、ある人との運命的な出会いがあり、それが、その人の生活・人生に大きな影響を及ぼす関係が生まれるのである。私は60年余の福祉の仕事を通じて、一期一会の生じる出会いを思うのである。つまりそのくらい大切なものが出会いには内在している。

出会いによる相談は、科学技術がもたらしたものではなく、人間の文化として位置づけられる。たとえば、茶道にいう一期一会に次の言葉がある。

　「山上宗二記に萌芽がみられ、井伊直弼が力説したが、もっと古くに成立した言葉であろう。一期は一生、一会は唯一の出会い。茶席でたとえ幾度同じ人々が会するとしても、今日の茶会はただ一度限りの茶会であること、主客ともに全身全霊を傾けて取り組む心を示す」[1]

　このことは日本文化における茶道から有益な示唆を与えてくれている。よく介護老人福祉施設の職員から「毎日お会いしているのでよくわかっている」と言われることがある。いや、そうではない。毎日同じ人に会っても、毎日が新しいことを望んでいる。
　次のことを考えてみる。人はなぜ人生に絶望するかというと、毎日が新しくないと感じるからである。たとえば毎日同じ人に会っても、昨日と今日は同じではない。「日々新たなり」である。つまり今日のよき出会いからは、明日への楽しみや期待が生まれる。その出会いの豊かさは、出会いにおける挨拶、心配り、真摯な態度があることで、一瞬の出会いから新たな世界への道が生まれるのである。

（2）相談について

① 相談は生活の文化

　介護過程の原点は、出会いから相談の過程である。その相談のはじめに、まず介護職員（相談担当者のこと）は、「私は何のためにここでお会いしているのか、お役に立てればよいのだが、まずはよく話を聴いてみたい」と思う。一方利用者は、「生活のうえで困っていることが

あり、途方に暮れている。家族のことなのでわかってくれるといいのだが不安である。まずは話を聴いてほしい」と思う。

　この双方の思いをつなぐものは相互の信頼関係である。そのためには介護職員は、担当者であるまえに、健全な良識を備えた社会人であることを瞬時たりとも忘れてはならない。相談は、お互いに尊敬されるべき人格を有する者同士の話し合いである。その具体的な心得は守るべき礼儀である。初対面の挨拶、来訪者に対するねぎらいの言葉、気候のことなど、人としてのあたたかい配慮が求められる。

　相談は文化であるといった。かつてのわが国は、生活上困ったことがあれば、地域の人々が知恵を出し合ってよい方法を見い出していた。もっともこれは自助、共助の話である。しかし公助の時代になって、法制度のうえでの相談であっても、お互いに敬意を払い、同じ地域に暮らす人同士の絆に基づく対話は、人間的なやさしさのうえに行われるようになった。

② 相談の専門性

　相談の対応は利用者がどのような生活状況下にあるか、そして利用者および家族が何を望んでいるかを概括的に理解することである。ここでの理解は、介護職員が自分の専門的な知見をもってわかることではない。

　まず、利用者および家族のおかれた状況下に身をおいて理解するのである。もっともその人の生活世界における困惑、苦難、不安、ストレスといった生活状況にあって、生活の支援を望んでいることを要領よく話ができるとは限らない。それは対話を通じて、時間性のなかから次第に明らかになっていくことでもある。

　これを利用者側からみると、老い、病、障害等それ自体は解決の困難な事柄である。しかし相談の場面から、生活の状況を気づかい、気持ちをわかってくれる、そのことを感じることで、新たな生活の意味づけを見い出して、介護サービス利用への道筋ができるのである。

このように考えてみると、相談の専門性とは、次の三つの視点が考えられる。
① 利用者の生活状況を概括的に理解し、利用者の望んでいることの核心的な部分を把握する。
② 相談の場面を通じての人格的態度からの信頼関係の形成ならびに介護サービスにかかわる情報の提供は、次の介護過程へ進む道筋となる。
③ 利用者の生活状況からの悲哀、困惑、不安等は、相談の過程から生き抜く力を得る機会となる。すなわち介護サービスを利用する意義を見い出すこととなる。

4 アセスメント

（1）アセスメントの意義

アセスメント（assessment）とは、具体的な介護サービス提供のための出発点となる段階を意味している。介護過程におけるアセスメントは、介護サービス提供のための種々の情報の収集、その情報の判断をいうのである。それは達成効果を予測するという全体構造を示す機能を有している。その意味では、アセスメントが適時・適切に行われることが、介護過程の妥当性を示すエビデンス（根拠）となる。

さて言葉の由来になるが、アセスメントは事前評価ともいわれる。私がかつて障害者のリハビリテーションの世界に在職していた時代には、評価はアルファーからオメガ（ギリシャ語のアルファベットの最初と終わり）であるといわれていた記憶がある。つまりアセスメントは介護過程の論理性つまり首尾一貫性を意味しているのである。

これは医学モデルと生活モデルの違いからアセスメントを理解する

ことになる。すなわち医学モデルは、インテーク→診断→治療の過程である。このなかで特に診断は疾病と病理の分類を基礎としている。すなわちソーシャルワークの医学モデルは、この医学的診断行為を援用して、利用者の生活状況の理解のために、必要な資料の収集・判断を行うのである。この医学モデルの診断には、内容から見て評価の概念が含まれていると理解される。

一方生活モデルは、利用者が生活環境との交互作用のもとに、社会資源の活用のための包括的な情報の収集と判断行為を意味する概念として、アセスメントを用いるのである。

すなわちアセスメントは、生活モデルの思想に由来するものであるが、医学モデルの思想・方法を排除するものではない。むしろ「両者が調和してアセスメントを行うこと」が必要とされるのである。

たとえばICFにおける健康状態や心身機能・身体構造に関する情報は医学モデルの視点によって収集・判断されるであろう。また生活機能における活動・参加は生活モデル（ICFでは社会モデル）の思考方法による。そして両者は介護サービス計画（ケアプラン）によって統合されるのである。

（2）アセスメントの方法

まず出会い・相談等を通じて、利用者の生活状況からの介護サービスの利用ニーズについての意向を理解し確認した。アセスメントは、そこからさらに具体的かつ詳しく情報を収集・判断することになる。これには基本的に二つの方法がある。

① 分析的理解

分析的理解とは、ある事柄を対象化して要素に分けて、それぞれの特性を記述することである。これは検査・測定・診断・外形的観察等である。この方法は、数量化あるいは記号化できるものであり、客観

的かつ静態的な情報となる。また、利用者の健康状態や身体機能等を理解するうえで必須の方法である。

さらに項目別に分けた分析的理解がある。これは主としてADL（日常生活動作）の理解がその例である。たとえば入浴動作について、その過程を＜できない・一部できる・できる＞といった生活行動について、どの程度の介護が必要かを記述し、＜介助、一部介助、自立＞といった要素に分けることである。このような分析的理解は、要素還元主義（物事を要素に分けたこと）といわれるものであり、近代科学の発展の核心的な方法である。

② **全人的理解**

分析的理解が、人間の行動等を対象化して要素に分けて理解するものであるのに対して、人間理解における全人的な理解の方法である。これは理解の方法が確立していて、この方法によってわかるという絶対的あるいは唯一の方法は存在しているわけではない。なぜならアセスメントの当事者は、人が人を理解する関係だからである。

しかしながら生活の営みの主人公は利用者その人であり、利用者の意思に沿って介護サービスの提供が行われる。このことは利用者の意思の理解が必要とされる。ここで二つの視点から見ることにする。

一つは、全人的理解は、分析的理解のように方法が客観的に確立しているわけでない。物理学を中心とする科学は17世紀以降のことであるのに対して、人間理解の方法は人類の歴史とともにあるといってよいのである。それは人間理解が到達点を示すものではなく、お互いに理解し合う努力の姿に全人的理解がある。すなわち全人的理解は、共感、直観、洞察といった方法が学問的にも有益な方法として認められている。

二つには、全人的理解は、介護サービスを利用して、よりよい生活世界を志向する人格的変容への可能性が内在していることである。すなわち全人的理解は動態的であり、相互関係によって変化していくの

である。

（3）アセスメントにおける個人と環境

　介護過程における生活支援は、利用者の生活支障が、環境との関係において生じるので、生活環境との関係の理解が重要となる。すなわち社会資源としての地域の人間関係、生活資源の活用、生活資源の開発等が課題となる。

　つまりアセスメントでは、個人の健康、心身機能・身体構造の状態、活動・参加の状況と背景因子を分析的かつ全人的に理解するのである。その背景には、環境因子についての情報の収集、判断がある。このことについて、ソーシャル・ケースワークの母といわれた、メアリー・E.リッチモンドの論説をあげる。

　「私は重複しているものを結びつけたり、項目を分類したりすることによって、それらが『洞察』と『行為』という2つの総括的な見出しの下に分けられることを見出した。この2つの見出しはそれぞれもう1度分けられ、洞察は『個性の理解』と『環境への理解』、行為は『心へ働きかける直接的活動』と『心へ働きかける間接的活動』となった。このようにして、言い換えると、私が見出した区分は次の4つになった。
　A．個性と個人的特徴への洞察。
　B．社会環境の資源、危険、影響についての洞察。
　C．心から心へ働きかける直接的活動。
　D．社会環境を通じて働きかける間接的活動。」[2]

　このリッチモンドの論旨は、アセスメントの枠組みを考えるうえで、有益な示唆を与えるものである。
　まず個人と環境にかかわる洞察である。ここでは全人的理解と分析

的理解への情報の収集と判断である。次に直接的活動と間接的活動は、実践活動の分類のことである。そして経験が教えることであるが、アセスメントを行う過程で、利用者の生活課題がどのようなものであるかを知ることは、反射的に、どのような生活支援活動が求められているかを脳裏に浮かべることもあるのである。そのことからアセスメントがさらに具体的な生活課題への設定につながる。

（4）ICFに基づくアセスメント

　ICFの核心的要素は、生活機能である。したがって生活機能に関するアセスメントの視点が問われることになる。以下に活動、参加についての基本的な考え方を述べる。
① 　活動、参加という概念が自然と課題になるわけではないし、単なる思いつきでもない。連続しかつ多様な生活状況から、活動、参加という概念を導かなければならない。その理由を明らかにする。
② 　活動、参加は、生活状況のある事柄を、一つの価値判断をもって見ることである。事例をあげて考える。

事例1

　　武田さん（78歳：男性）は、認知症をもつ高齢者である。妻の泰子さんは、武田さんの介護（対応）に途方に暮れている。そのため泰子さんは、デイサービスセンター（通所介護）を利用するため相談に訪れた。泰子さんは「主人は社会的に立派な仕事をしてきました。地域の町内会の役員もして皆に慕われてきました。それなのにどうして、と思うと悔しくて仕方がありません」と話をする。

事例2

　　山本さん（20歳：男性）は、高校3年生のときにスポーツ事故で頸髄損傷（5・6番損傷）の重傷を負った。ほぼ全介助の状態である。半年前から障害者リハビリテーション施設を利用している。絶望と不安の日々を過ごしていた。ある日、体育館で車いすバスケットの試合を見て感動した。チームメンバーと話をしているうちに新たに生きる意欲が生じてきた。

考察

　ここにあげた事例から、活動、参加が多様な内容を有していることと、いくつかの生活事象から帰納的（共通因子をまとめて）に、活動、参加の意義を見い出していく。

　まず事例1の武田さんの事例である。武田さんの活動は、生活における安心・安定が求められている。そのための阻害因子と促進因子は何かである。まず、環境因子としては、妻の泰子さんの認知症に関する正当な理解と適切な対応に関する情報の収集と判断である。

　そして、デイサービスセンターにおける利用者としての参加があり、計画された活動がある。ここでは武田さんそして妻の泰子さんへの総合的な支援がある。特に家族にとって敬愛される武田さんへの役割の維持・回復への支援により安心・安定が期待される。

　次に事例2の山本さんの活動、参加である。まず山本さんは、突然の事故による、悲哀、絶望の状況下にあるという全人的理解である。次いで障害の種類、程度、健康状態、ADL（日常生活動作）の状況、対応する介護の必要性等である。そして背景因子には、環境因子としての障害者スポーツがある。そのことを通じて個人因子としての人格的変容が期待される。

5 ケアプランの作成

(1) ケアプラン作成の意義

　計画のないところに実践はない。すなわち実践にあたっては、目標・内容・方法が計画され、文書によって明示されなければならない。重要なことは、計画の作成は理念および目的が示され、それに沿ってなされることである。すなわちケアプランは国家の理念の実現を示すものである。

　介護過程の領域では、介護保険法において、居宅サービス計画、施設サービス計画等の作成義務が規定されている。次にケアプラン作成の意義とエビデンスを示す。

＜ケアプラン作成の意義とエビデンス＞

① ケアプランは個人の生活ニーズの充足を目的としている。そのことは同時に社会的使命を果たすものである。
② ケアプランは介護職員等が、自己の介護サービスが適時・適切なものであったかどうかを検証する資料となる。
③ 介護過程は保健・医療・福祉（介護）の連携・協働を必要とする。そのためにチームで共有できる単一のケアプランによって実践する。
④ ケアプランは、地域社会における第三者の評価資料となる。

　以上にあげたケアプラン作成の意義の根幹を成すものは、利用者主体の価値観である。そしてケアプランを示すことで、適時・適切な介護サービスを提供していることを社会的に実証するのである。ケアプランが利用者の意思に沿うためには、介護職員と利用者の信頼関係の

形成に努めなければならない。これはケアプランの作成の過程を貫く基本原則である。

(2) ケアプラン作成の過程

ケアプラン作成の過程において、まず相談からアセスメントの過程を経て、どのような視点でケアプランを作成するかについて考察する。

① 相談・アセスメント

出会い・相談は、介護職員が利用者からの話を聴いて、利用者が何を望んでいるのか、その背景となる生活状況はどのようなものかを概括的に理解することである。そして介護サービスを利用するうえで必要な情報を収集する。

念のためにいうと、情報そのものは、何が重要な情報であるかの比較秤量が示されているわけではない。得られた情報を判断するのは介護職員および関係職員である。そしてその判断はケアプラン作成の過程で利用者の合意が求められるものである。

② 生活課題の設定

ケアプランでは、相談・アセスメントを経て、利用者のニーズが設定される。これは「生活課題」といわれるものである。この生活課題は、ケアプランの主題となるものを示す概念である。

これには二つの意味がある。一つはケアプランによって解決すべき生活状況を示す意味である。たとえば、Aさんは、「認知症の症状があり、徘徊、暴言等精神的に不安定である」という課題である。

二つには、具体的な要望または意欲を示す意味である。たとえば、Bさんは、「最近心身の機能が低下していくような不安がある。生活の活性化が必要である」という課題である。

これらの課題は、利用者・家族の意向に沿った主題である。そして

この課題がケアプランにどのように示され実践に移行するかである。

＜Aさんの例示＞

認知症の症状をもつAさんの生活課題は、家族の意向が含まれる。そしてこの生活課題の設定は、ケアプランによって実践される。そしてケアプランの判断の妥当性は、家族を含めたケアチームによって吟味・検証されていくのである。

＜Bさんの例示＞

生活の活性化を求めるBさんの生活課題は、Bさん自身の意向である。そのことが課題として設定されたのは、背景因子としての個人因子および環境因子がアセスメントによって裏づけられている。そこでその具体的な実践は目標・内容によって示されることになる。

ここで生活課題の意義として、社会福祉（ソーシャルワーク）における、ハリエット・M.バートレットの論説をあげる。

> 「生活課題 life tasks の概念は、そのような統合的な概念の一つである。すでに述べてきたように、一群の人びとが問題に直面し、何らかの仕方でとりくまなければならないような状況があるという観念は、ソーシャル・ワークにおいて比較的早くから発達しはじめていた。これは、医療ソーシャル・ワークで発達した『疾病における社会的成分』という概念のなかにも、必然的に含まれていた。」[3]

この1970年代のバートレットの示した、生活課題、アセスメント、社会生活機能等の概念についての論説は、「介護過程の専門性」を構想するにあたり有益な教えとなるものとなった。

③ 目標──長期目標・短期目標

目標は、まず長期的な目標を示し、その目標に向かって短期的かつ

段階的な目標のもとに実践を積み重ねていくことを示す。このエビデンスは生活課題の充足のために、いかに実践するかの目標（実践指針）を示すことにある。

前述の生活課題にあげた事例から例示する。

＜Ａさんの例示＞

長期目標：精神的に安定し、快い生活が過ごせる。日々の生活から、よりよい生活を見い出す。
短期目標：家族との話し合い等の機会をもてる。
　　　　　楽しいことを見い出す。
　　　　　健康状態をよりよく保てる。

＜Ｂさんの例示＞

長期目標：自立生活の維持・拡大を図る。
短期目標：介護予防のサービスを利用して、身体機能の維持・増進を図る。
　　　　　Ｂさんの趣味を生かした活動ができる。

6 ケアカンファレンス

　ケアカンファレンスには、「サービス担当者会議」「ケアプラン会議」などが含まれる。介護サービス提供に関するチームメンバーがケアプランの案について、協議し決定する場である。

　この会議が必要な理由は、簡潔にいうならば、各専門職がそれぞれの所見を交流して、適時・適切なケアプランを作成することにある。さらにいうならば、このケアプランに基づく実践が的確に評価されることを含むのである。

　それではケアカンファレンスで、専門職が協議する実質的な理由は

どこにあるのかである。第一に利用者の生活課題が複合的であり、生活課題の充足は生活の場において行われるので、各専門職がそれぞれの役割をもってかかわるようになることにある。たとえば医療的ケアにおける経管栄養は、医師の指示のもと、看護職員および介護職員によりそれぞれの役割のもとに行われる。

第二に、生活の支援である介護サービスは、生活者としての人間の尊厳が保持され、主体性における自立を目指して提供されることにあるので、保健、医療、福祉・介護の各専門職間の連携・協働はこれらの理念価値を共通の基盤とするからである。

7 実践・モニタリング・評価

(1) ケアプランの実践

実践は二つの視点を基盤として展開される。一つはケアプランの方針に沿って行われる。これは個別性を重視したものである。すなわち利用者の生活課題の充足の視点からの実践である。

二つには、普遍的な価値・倫理に基づく実践である。たとえば食事の介護について、生活支援技術における、"自立に向けた食事介護"である。あるいは入浴介護の際の倫理的配慮である。

これを体系的かつ階層的にいうと普遍的な価値・倫理に基づく基礎部分を"1階"とする。そして個別の状況に基づく実践部分を"2階"

◆ 実践の階層図

〔2階〕	個別の状況に応じた実践部分
〔1階〕	価値・倫理に基づく基礎部分

と示すのである。

このことについて、バートレットはソーシャルワークについてであるが、次のように述べている。

「最初の基礎的定義は、初めての公式化として、ソーシャル・ワーク実践を明確化する方向へ主要な第一歩をふみ出した。それは、専門職の本質的な要素―価値、知識、技法―を確認し、それらが実践しているソーシャルワーカーをいかに導くかを示した。」4)

1970年代にバートレットが専門職の本質的要素として、価値、知識、技法をあげたことは、ソーシャルワークの専門性に理論的かつ実践的にも妥当なエビデンスを示すものであった。さらに価値、知識、技法の関係について述べている。

「小委員会は、成熟した専門職が知識と価値の強力な総体に基づいており、そこから実践者の活動を導く科学的及び倫理的な原則が導き出されていることを認めた。この意味で、知識と価値の方が方法よりも優位にあり、そして知識と価値が主として方法と技法を規定しているのである。」5)

ケアプランの実践は、利用者の生活課題の充足のために生活支援技術によって行われる。そして生活支援技術の専門性は、価値、知識が総合されたものと考えている。

(2) モニタリング

モニタリングとは、実践の経過を見守っていく過程である。実践はケアプランの目標に沿って実践される。言うまでもなく、目標を立てた背景には相談・アセスメント・生活課題から導かれたものがある。

ここでモニタリングが必要となる状況をあげる。
① 利用者の心身の状態の変化が生じているため、ケアプランの見直しが必要とされる。
② 家族関係あるいは生活環境の変化に対応するため、ケアプランの見直しが必要とされる。
③ 利用者の満足感、生活支障の改善の状況等について確認する。

以上についての情報については、まず利用者、家族から得ることになる。そして介護サービスを提供する関係者から相互に情報を共有してモニタリングする。

（3）評価

① 評価の意義

　介護過程は、介護職員と利用者・家族との出会いからはじまり、介護過程の各段階を通じて、具体的な実践が行われる。この介護サービス提供が適時・適切に行われることを評価の目的とする。

　この評価は二つの視点から行われる。一つは、利用者の生活課題に対して、ケアプランに基づいて適切に充足されていることの評価である。二つには、社会福祉法第3条に示されているように、"良質"なものであるかの評価である。

　それでは良質とは何かである。これは利用者の尊厳が保持され、その人らしい生活が送れることである。このことはケアプランに直接表現されているわけではない。しかし個々の生活課題・目標に対応する生活支援技術の根底に、理念価値および現実価値の実現が、評価の認識対象となる。

　たとえば認知症高齢者に対する尊敬と共感における態度、重度の障害を担う人への自立に関する考え方や方法の吟味・検証からの評価である。

② 評価の方法

　評価の方法は、まず利用者および家族による情報からの評価である。これは介護職員と利用者とのコミュニケーションによって、生活課題が解決したことの認識からの評価である。次いで介護サービス提供者側の評価である。これはケアプランの作成の理由となる、生活状況の改善の目標が達成できているかについての専門職としての評価である。これらの個別の評価が総合されてケアプランの総合的評価となる。

　評価の結果として、継続、終結、フィードバックの方向が選択される。

注

1）沖本克己・竹貫元勝著『禅語百科』淡交社、1998年、36〜37頁
2）M. E. リッチモンド著、小松源助訳『ソーシャル・ケース・ワークとは何か』中央法規出版、1991年、59頁
3）H. M. バートレット著、小松源助訳『社会福祉実践の共通基盤』ミネルヴァ書房、1978年、97頁
4）前出3）、56頁
5）前出3）、59頁

補章 介護福祉の専門性の理論

1 介護福祉の体系

　介護福祉の専門性を考えるためには、まず介護福祉の（学的）体系を見なければならない。そして体系自体の全体構造から専門性を考えるのである。次いで介護福祉の介護サービスの実践段階における個別の専門性を見るのである。これは理論が実践の場でどのように生かされているかの過程で専門性を見るのである。これらのことはすでに詳細に論じているので、「まとめ」の意味で再構成して述べる。

　なお介護福祉の専門性のメルクマール（指標）は、介護福祉の思想、目的、内容、技術が、「普遍性」「論理性」「客観性」の三要件を有していることを前提としている。

◆ 介護福祉の階層的体系

生命の畏敬 ― 人権の保障 ― 生活支援 ― 社会福祉関係法・制度・施策 ― 実践

（1）介護福祉の思想の源流

　生命の畏敬と人権の保障は、ルネサンスにおけるヒューマニズム（人間主義）思想を源流としている。この思想は、18世紀以降の諸外国の

憲法に示されてきている。それは自由、平等を掲げたものであるが、20世紀に入って、ドイツのワイマール憲法に示された「人間に値する生活の保証」が生存権の典型といわれている。この国際社会における"普遍性"を有する思想が介護福祉の理念価値の思想的エビデンス(根拠)となっているのである。

(2) 生活支援における生活とは何か

生活の意義は多義的でありかつ個別性があるので画一的な定義を示すことはできない。しかし介護福祉は生活の支援であるので、その根幹となる思想を示すことで、介護福祉の専門性のエビデンスを提示してきた。それは理念と現実の関係である。これは哲学、社会学、法学等の分野から論じられてきている。介護福祉において援用する理由は次のとおりである。

① 生活支援における"生活"は、まず現実の世界である。人間はこの現実にとどまってはいない。いかなる状況下にあっても理念を求めている。
② 人間の生活は、生理的機能を保持しながら、より豊かな生活を求めて価値を創造してきた。現実価値、理念価値は国民の共有の思想となる。

(3) 法の理念に基づく介護福祉

国民の願いは、法によって具体的な姿を現すのである。その法は、国家の理念を示すものである。介護福祉においては、人間の尊厳の保持、個人の尊重、生活の自立への支援等である。この法体系と実践は"普遍性と論理性"によって構成されている。

（4）実践の普遍性・論理性について

　介護福祉の専門性は、実践によってエビデンスを示す必要がある。この典型例が介護過程である。これはすでに詳しく論じているので、専門性の要件である普遍性と論理性について、その要点をあげる。

＜普遍性＞
① 　介護福祉は、法の理念に基づいて行われている。
② 　法は、国民の意思に基づく国家の理念であり、政策のエビデンスとなっている。
③ 　理念価値は、普遍性を有するものである。これは、国際的に見ても、人権保障という広く承認されているものであり、その理念内容は、わが国の介護福祉のエビデンスとなっている。

＜論理性＞
① 　介護過程は、介護実践の全体を示すものである。これは自然科学（医学モデル）の論理性の思考形式に範例を求めている。
② 　介護過程は、理念として人間の尊厳、自立、利用者の意向の尊重を基盤として展開される。これを介護の目標等にいかに活かすかを首尾一貫して示すのである。
③ 　介護過程におけるケアプランは、利用者、家族、介護職員等の連携・協働のプロセスをケアカンファレンスにおいて論理性をもってシステム化している。

（5）介護福祉の客観性について

　介護福祉における客観性については、自然科学における分析的方法における実証性が科学性を有しているとの理解である。それは物理学のように人間が素材(マテリアル)を対象化して要素に還元して法則を見い出すことを原型とするものである。一方、介護福祉は人間を中心に考える領

域である。それは一人の人間の知覚や意欲あるいは理念を尊重するのである。すなわち個人の主観を大切にする。そのことをふまえて人間社会が人々の理念を共有して相互主観性による調和が成り立っているのである。このような趣意で客観性を「人と素材」の双方に及ぶものと広義に理解することができる。

2 人間科学の思考と方法

　介護福祉の専門性とは、介護福祉を科学的な思考と法をもって構成する。それを"人間科学"としている理由は、人間生活を基盤とした学問体系であること、そして中村雄二郎が述べた自然科学の要件である普遍性、論理性、客観性は人間生活から構成されるからである。付言すれば、自然科学における、ある"もの"を対象化して、分析・測定・計量数的実証による真理の探究から生活への有用性である。しかしそこに人間の生きる姿が入ることはない。

　一方、人間科学は、生命の畏敬、人間の価値、人間関係、法制度、生活支援の方法等を主な基盤とする。なお人間生活は、自然科学の恩恵を取り入れており、両科学の調和もまた必要とされるのである。

　そこで人間科学における普遍性、論理性、客観性について、その骨格を示すことにする。

① 　介護福祉の普遍性について

　　介護福祉は生活支援である。生活とは生命の畏敬のうえに、幸せを希求して暮らすものである。そして日々連続している生活は、人生を支援していくのである。これは人間生活の＜普遍＞の原理である。

② 　介護福祉の論理性について

　　介護福祉における生活支援の思考、方法が首尾一貫しており、論理明晰である。たとえば介護職員が介護サービス利用者（以下、利

用者という）へのサービスの提供に際し、介護過程におけるフローチャートによる「論理性」をもって適時・適切に行われていることである。
③　介護福祉の客観性について
　客観性と対比されるのは、主観性である。これはルネ・デカルトのいう「わたしは考える。ゆえにわたしは存在する」[1]が近代哲学の出発点となるものであった。この人間の主観が、生活の場面でお互いに理解されるのが「客観性」である。
　これらは介護福祉の専門性の核心的な課題なので、それぞれの項目で論じていった（第1章参照）。

3 経験と理論

　介護福祉の専門性の原点は、日常生活の事柄からの経験を理論へ導くものである。生活の事実をどう見るかによって自然科学と人間科学の違いに分かれてくる。

＜物理学の例＞

　客観性を取り上げれば、物理学の日常生活の応用や医学的診断・治療について、すべての人が納得し信頼する明白な事実を意味している。これは自然現象を推理し実験による数学的な実証をエビデンスとするものであるから有無をいわせぬ説得力があるのである。この科学性をよく示すものとして、私が10代のころ興味をもって読んだ『物理学読本』から引用する。

　「雨が降るときにみてみると、大きい雨粒は、小さい雨粒より速く落ちてくる。これからみて重い物ほど速いとアリストテレス（Aristoteles）が考えたのも無理はない。（中略）ガリレイは研究を

進めるに当たって、推理と実験、今日の言葉で言えば理論と実験の共同の研究における方法を自覚していた。小さい雨粒がおそく落ちるのは、空気の中を走る時抵抗が小さい物ほど強く働くに違いないと考えた。真空を創る方法のなかった当時としては、これを直接にためしてみる方法はなかった。そこで先ず、真空中で重い物が軽い物より速く落ちること自身が不都合であることを次のように推論する。いま10gの球Aが真空中で毎秒10m、1gの球Bが毎秒1m落ちるとしよう。この二つを重さのないひもで結ぶと11gになるから、毎秒11mで落ちる筈である。ところがBはおそく落ちようとしてAが落ちるのをさまたげるから10mより速く落ちる筈はない。」[2)]

このガリレイの事例でもわかるように、物理学は、人間が自然を対象として、観察、推論、実験、数的な実証によって客観性を示すものである。そしてその思考と方法は一義的因果関係によるものである。つまり結論が一つであり、その思考と方法は論理明晰でありあいまいさを残さないのである。このことは普遍的なものとして承認されている。

4 介護福祉の科学的思考と方法

　介護福祉が専門性を有していることを、介護福祉の科学性に求める。その科学性は、自然科学と対比して、その固有の科学性を示す必要がある。ここで確認しておくべきことは、自然科学において述べてきた、普遍性、論理性、客観性の要件は、介護福祉においても、介護福祉の科学性のエビデンスとなるということである。ただその意義と内容は介護福祉の科学の特性に沿うものである。
　私の介護福祉の専門性は、人間科学として構築するものであるとい

う思考過程は、実践経験と関係文献の英知の融合であった。そして世界史的なパラダイムシフト（思想的変革）の潮流に身をおいてきたことである。ここで私の理論構成のうえに直接的・間接的に影響を受けた文献から紹介する。

（1）経験と理論

1950（昭和25）年、笠信太郎著『ものの見方について』が出版された。

> 「イギリス人は歩きながら考える。フランス人は考えたあとで走り出す。スペイン人は走ってしまったあとで考える。──（中略）この筆法でいうなら、ドイツ人もどこかフランス人に似ていて、考えたあとで歩き出す、といった部類に属するといってよいかも知れない。歩き出したらもうものを考えないという形である。それでは、これに型どって云ったら我我日本人は一體どういうことになるのだろう。」^{3）}

とにかくこの話は記憶に残るものであった。漠然と日本人は歩きながら考える民族ではないのかと思った。日本の宗教や文化は、日々の生活経験から、すなわち自然に学び、自然とともに歩いてきたのではないかと思ったのである。そして笠のイギリス社会に関する次の論説が気になった。

> 「社會は『わたし』と『あなた』とを兩極として出来ているということを認めるからに外ならない。なるほど客観的な知識というものがあるにしても、實踐的な立場を含めてこれを考えると、その客観的な知識というものは、『わたし』の立場と『あなた』の立場とを包含しているものでなければ意味がない。その双方の立場や要求を何

とか包含しきることのできる考えでなかったら、いま我々はお互いに『歩きながら』——云いかえるとお互いに事を實行するという立場から——考えるというわけにはゆかないではないか。」[4]

　この論説は、今日においても深い示唆を与えるものであるが、当時の私には十分に理解できないものであった。その後、重度障害者の支援の仕事に就いてから、この書から得たものを次第に発展させていった。
　ここで笠の論旨をまとめてみる。
① 歩きながら考えるとは、生活の経験を、考えのもとにすることである。
② 経験とは生活の実践である。考えるとは実践の意義、判断を示すことである。
③ 歩くとは、人生の旅路を歩むことである。それは「わたし」と「あなた」がともに歩くことである。それは個人がもつ違いを認め合いながらともに歩くのである。
④ 客観的な知識というものは、「わたし」と「あなた」を含むものでなければ意味がない。それは一人ひとりのもつ主観が客観的なものとどう調和するかを暗示している。

(2) 社会科学の特性からみた人間科学

　1968（昭和43）年に『岩波講座　哲学⑫——科学の方法』という書が出版された。そこでは、わが国の著名な科学者の「科学的認識と実践——シンポジウム」が掲載された。これはシンポジストの深い思索と視野の広がりのうえに論じたもので、私としては、今日の介護福祉の専門性の構築に有益な示唆を与えてくれたものである。ここでは各シンポジストの発言のなかから、核心的な内容を抜粋して取り上げる。

古田：ところで、「科学」というものは、それ自体としては、人間の一種の知的活動、つまり経験的な知識にもとづいて事物（自然や社会）の構造や運動法則を理論的につかもうとする認識活動ですね。5)

日高：自然科学では、認識の主体は、自然体系の外部にあるわけでして、そこに一つの作用を与えて、つまり自然の構造にAという作用を与えて、Bという結果を導びこうとする。そういうような法則は認識でき、その認識を実践に利用することができる。ところが社会科学では、作用を与える主体が社会の外部から与えるわけじゃない。そういう意味では、Aという作用を与えればBという結果をもたらすというようには言えなくなる面が必ず伴う。6)

この古田と日高の話は、介護福祉の科学性を考えるうえで基盤となるものである。

古田は、科学は経験的な知識に基づいて、自然や社会の構造や運動法則を理論的につかもうとする認識活動であるとする。すなわち科学とは自然科学と社会科学の両者を含むものである。そしてそこから社会科学として科学の特性を取り上げて論じる。社会科学とは、『岩波国語辞典』（岩波書店、1994年）によれば「人間生活の諸関係や人間の所産について研究する科学の総称」の意味をもつ。

さて、自然科学と社会科学の違いはどこにあるのかについて、日高は基本的な見解を示している。まず自然科学は、人間が外側から自然を対象として見るのである。そこに人間は入らないから、A→Bという因果関係が法則として実証できる。一方、社会科学は主体が社会における人間、あるいは人間そのものであるから、あらかじめ与えられた因果関係によるものではないのである。

それでは社会科学における、主体としての人間はどのような特性を有しているかが問われてくる。そのことは社会科学を考える際に、科

学において人間を主体としてみるということが、どのような思考と方法が求められるのであろうかが問われることになる。そこでシンポジストの経験と価値に関する発言を取り上げる。

> 内田：さらにもう一つ社会科学の場合には、ラーニングプロセスというものがつけ加わることが考えられます。それは単に意志決定を、ある一定のルールにしたがって繰り返すというだけでなくて、いろいろな経験を積むことによりまして、いっそう上手に環境に適応するような広い意味での教育的な知識が蓄積されてくる。そういうものを新しく歴史の過程に導入することによって、あるいはまた、導入された情報の作用によって、いろいろと歴史の発展傾向が変化してくる。[7]

この内田のラーニングプロセス（学びの過程）は、私にとって新鮮な概念であった。社会科学としての特性を示すものである。そして前に述べた歩きながら考えることの意味を重ね合わせるものである。

これは二つの視点がある。一つは、社会科学の歴史的な発展過程は、人間の歴史下における、戦乱、飢餓、災害、病、不平等といった歴史の過程から社会や人間のあるべき姿を学んできた歴史である。介護福祉の科学性はこの歴史的発展過程の道筋を歩んできたのである。

二つには、個人としてのラーニングプロセスである。介護福祉における介護関係は、介護職員と利用者の相互の学びの関係である。言い換えれば信頼と理解の関係は、初めての出会いから次第に形成されていく関係であり、何らかのメルクマール（指標・手がかり）のもとに学んでいくものである。

すなわち社会の学びは個人の生活にとって有益なものでなければならない。このなかで核心的な概念は人間の価値である。古田は次のように話をしている。

古田：たとえば人類の幸福が大事だというような観念は、観念としてはいつでも定立可能なわけですけれども、それが歴史的、社会的にかなり定着してくということ、言い換えれば、社会的な価値体系のポイントとなってくるということは、実際、いろんな長いあいだの人類の経験というものを媒介にして、はじめて成立することですね。しかも価値判断というのは、単に一般的な原則の定立にとどまらず、そこから実際に人間の具体的な行動を指示し、評価する可能性をもつことが必要だろうと思います。[8]

　ここにあげたシンポジストの発言（提言）は、シンポジウムの一部であるが、介護福祉の専門性——科学性の構築に力を与えるもので、現在の理論構成においても有益なものである。
　ここでシンポジストの発言から、介護福祉の専門性にとって重要な項目をあげる。
① 科学という概念は専ら自然科学を指しているといわれるのは、自然を対象とする方法論の明確性、客観的な数的実証性、原因と結果の因果関係性によるものであり、それが生活の有益性と結びついてきたからである。
② 社会科学は、社会と人間の科学である。まず科学性の特性を人間を主体としてみる。そして人間は生活経験のなかから、社会と人間の関係において、相互に学び合いながら成長し発展していくものである。ここでのラーニングプロセスとは社会と個人との歴史的な発展過程である。
③ 人間の生活経験は、多くの経験から、よりよいもの、目指していくものを選択している。社会と人間の共通のものを選びとって生活の指標としている。これが価値体系の創設である。

5 介護福祉における主観性と客観性

　介護福祉は、人間関係を基盤として展開されている。その人間関係の意味するものは、一人ひとりの認識と考えることの"主観"である。これは個別性の尊重につながる。

　しかしそれでは専門性の要件である客観性は、誰にとっても明白な事実にはならないのではないか、との疑問が生じ得る。すなわち介護福祉は客観性の理論と実証性を有してはいないのではないかという疑問である。

　この疑問の多くは自然科学の計量、数的実証性を念頭においたものである。この問題を理論的かつ実証的に十分説明できなかったことが、専門性への道の躓きであった。私はこの問題の解決の一つに哲学「現象学」の理論を援用して介護福祉の専門性を示したいと考えている。

（1）生活世界における主観から客観へ

　われわれの住む生活世界は、決して物理的な空間ではない。私の生活世界という意味に満ちた世界である。

　それは平板な世界ではなく、ある関心をもって生活の事柄を選択し位置づけて生活している。地域の人々の関心は理念となり、日々の生活の支え合いの思想は個人の主観からのものだが、それが人々の共同の意識形成につながっているとの考え方である。

　ここで生活世界の意義について竹田青嗣の論説を抜粋してあげる。

　「まず、生活世界は、人間がつねにすでに自分の回りになんらかの（生活上の）実践的関心を払っており、この関心に応じてのみ事象の妥当（経験）ということが成立する、（中略）また生活世界の実践

的な生の関心は、個々の意識の相互（間）主観的、共同主観的構成としてすでに成立しているということ。この構成は、人間の生の意識を、やはりつねにすでに文化的世界、歴史的世界のうちに投げ入れられたものとして存在させていること。したがって生活世界の現象学的考察は、そのような世界の『地平』の意味の網の目から実践的関心を受け取っている生の＜意識＞の現象学でなくてはならないこと。」9）

　この竹田の論説は、難しい現象学を平易かつ的確に説明しており、介護福祉の専門性の構築に有益な示唆を与えるものである。とりわけ生活世界は、意味ある世界の関心に応じて妥当であるとする。
　介護福祉における関心は、ここでは老い、病、障害等を介護サービスの利用によって克服し、よりよい暮らしができることである。このような関心は文化的・歴史的世界において実践されていくものであると述べている。
　これらの個人のもつ主観は、他者において共同化して生活世界を成り立たせている。ここでエドムント・フッサールの論説をあげる。

　「こうして一般世界は、個別化された人間にとってのみ存在するものではなく、人間共同体にとって存在するのであり、しかも端的に知覚可能なものを共同化することによって存在するのである。この共同化においては、たえず相互の訂正による妥当な変移が起こる。相互理解というかたちで、わたしの経験と経験による獲得物とが他人のそれらと結び合わされるが、それはわたしの、ないしは各自の経験的生の内部での個々の経験的系列の経験的結合と似たようなものである。さらにまたそれは、全体として大ざっぱにみれば、個々の点に関して妥当の相互主観的調和が＜あたりまえのこと＞として成立し、そうすることによって多様な妥当とその妥当している事柄のうちに、相互主観的統一が成立する、といったぐあいなのであ

る。」[10]

　このフッサールのいう相互主観的調和は、個人の知覚や経験からの妥当は生活世界のうちにあたりまえのこととして成立しているということである。
　介護福祉は個人の意思という主観を基軸としている。したがってこの主観は、その人という個人のものである。その個人の生活世界における認識・経験における主観は、他者との共同の世界において、相互共同の主観ともなるものである。
　現象学でいう相互主観性（あるいは共同主観性）は、介護福祉の専門性の構成のうえで、人間の「私の生活」という認識や経験は、他者との共有によって「人々にとって」の妥当性をもつことになる。これを主観の共有による客観性を有すると考えている。
　なお念のためにいうと、この客観性は、自然科学における数的な実証性によるものではないので、フッサールのいうように、状況の変化等による妥当な変移が生じ得るのである。

6　介護福祉の専門性は主観と客観との統合

　介護福祉における専門性の核心的事項は、介護サービスの利用者と環境の理解である。この理解の方法として分析的理解がある。
　これはすでに述べているように、ある事柄を分析により計量・測定・観察・診断等し、それによる数的実証によるものである。したがって専門性の要件である客観性を有している。
　一方、全人的理解は、介護職員と利用者との直接の人間関係によるものである。すなわち"私は"理解するという主観的理解である。これはすでに述べたように相互主観的調和による主観の客観化を導くの

である。しかしそのことは主観の妥当性を根拠づけるものであり、主観のもつ性質が失われるものではない。

　この両者の差異を論じることは、介護職員が介護サービスを提供するに当たって利用者と、利用者の生活の全体状況を的確に理解するうえでの方法の違いを明らかにすることである。この意味では、適時・適切な介護サービスの提供のために両者は統合されるのである。

　それではどのように統合されるのかを事例から示すことにする。

事例

　佐藤さん（85歳：男性）は、3年前に妻と死別し、一人暮らしであった。子どもはいない。1年前に脳卒中で倒れ入院した。その後特別養護老人ホームを利用している。医師から糖尿病がみられるので、食事制限の必要があると佐藤さんに話をした。佐藤さんは黙って聞いていた。介護職員は了承してくれたと思った。なぜなら佐藤さんは無口で何かを依頼するとき以外は話をしない人であったからである。その夜、佐藤さんは介護職員に「もう何の楽しみもないんだよな、せめて食事くらいはね……」と話をした。

考察

　佐藤さんの糖尿病についての医師の診断は、医学的知見によるものであるから、客観性を有している。一方この診断結果により、佐藤さんが病気を認識し食事制限を受け入れて実践することは、佐藤さんの主観（意思）によることなのである。これは全人的な理解である。

　このように一人の人間が、健康に関する価値と自己決定の価値とを引き受けて判断しなければならないのである。すなわち佐藤さん自身の人格的態度による選択の課題である。したがって介護職員は、佐藤さんへの生活支援にあたって分析的理解と全人的理解を総合的に判断

する。

ここでは、人間は他者の尊敬と共感のうえに、自己の精神的自律を豊かにするものであるという一般的理念を一つの考え方とする。介護職員は、佐藤さんのいう生活の楽しみとは何かを受け止めて、佐藤さんとの人間関係を振り返ってみるのである。この介護職員の佐藤さんの気持ちの理解という主観は、他の職員と共有することで相互主観的な調和のもとに、これからの介護の方向性が考えられていくものである。

7 人間科学の理念

これまで述べてきたことは、広い意味における社会科学としての源流に沿って述べてきたものである。ここで「介護福祉の専門性を人間科学として構成する」意義は、介護福祉の専門性の特性を明らかにするものである。さらに専門性を総論的に論じるだけでなく、実践の方法（技術）を総合的に論じて体系的な専門性を示すことにする。さて、シュテファン・シュトラッサーの書『人間科学の理念』において次のように論じられている。

> 「現代の知的状況のうちで、一群の科学が次第に注目を浴び始めている。これらの科学の共通領域を特徴づけてみるのは、人格（Person）としての人間を、経験科学的方法の手を借りて研究してみようという関心である。その場合「人格としての」追加規定が際立った意味をもっている。」[11]

この論旨は介護福祉の専門性を根拠づける人間科学の構成に有益な示唆を与えるものである。その理解の要点を次にあげる。
① シュトラッサーのいう人間科学の骨格は、経験の科学である。そ

れは人間生活の経験である。
② 人間科学の主体は、人格をもつ人である。その意義は、創造的人生であるとしている。私は人間科学の基本構造に、人間の尊厳と自立の理念的価値を位置づける。
③ 人間科学の特性を人間と自然科学との対比において明確にしている。これは人間科学の固有の性質を示すうえで必要なことである。そのうえで生命体としての人間理解において、自然科学との調和が求められてくる。

注

1) R. デカルト著、谷川多佳子訳『方法序説』岩波書店、2001年、46頁
2) 朝永振一郎著『物理学読本』学藝社、1950年、7～8頁
3) 笠信太郎『ものの見方について』河出書房、1950年、3頁
4) 前出3)、42頁
5) 「科学的認識と実践──シンポジウム」中村秀吉・吉田光編『岩波講座 哲学⑫ 科学の方法』1968年、356頁
6) 前出5)、357頁
7) 前出5)、360頁
8) 前出5)、377頁
9) 竹田青嗣著『現象学入門』日本放送出版協会、1989年、220頁
10) E. フッサール著、細谷恒夫・木田元訳『ヨーロッパ諸学の危機と超越的現象学』中央公論社、1974年、231頁
11) S. シュトラッサー著、徳永恂・加藤精司訳『人間科学の理念』新曜社、1978年、3頁

著者紹介

黒澤貞夫（くろさわ さだお）

厚生省勤務、国立身体障害者リハビリテーションセンター指導課長・相談判定課長、国立伊東重度障害者センター所長、東京都豊島区立特別養護老人ホーム施設長、岡山県立大学保健福祉学部教授、弘前福祉短期大学学長、浦和大学学長等歴任

現在：群馬医療福祉大学大学院特任教授、日本生活支援学会会長
（注：勤務先名は当時の名称のものである）

◆主著

『ヒューマンサービス実践への道』川島書店、1995年

『福祉実践演習ブック』中央法規出版、1995年

『ケアの理論とケアプランの実践』中央法規出版、1997年

『生活支援の理論と実践』中央法規出版、2001年

『生活支援学の構想』川島書店、2006年

『人間の尊厳と自立』建帛社、2009年

『人間科学的生活支援論』ミネルヴァ書房、2010年

『福祉に学び、福祉に尽くす』中央法規出版、2013年

『介護は人間修行』日本医療企画、2016年

介護福祉の「専門性」を問い直す

2018年3月1日　発行

著　者　　黒澤貞夫

発行者　　荘村明彦

発行所　　中央法規出版株式会社
　　　　　〒110-0016　東京都台東区台東 3-29-1　中央法規ビル
　　　　　営　　業　TEL 03-3834-5817　FAX 03-3837-8037
　　　　　書店窓口　TEL 03-3834-5815　FAX 03-3837-8035
　　　　　編　　集　TEL 03-3834-5812　FAX 03-3837-8032
　　　　　https://www.chuohoki.co.jp/

印刷・製本　　　　　　株式会社太洋社
装幀・本文デザイン　　澤田かおり（トシキ・ファーブル）
ISBN978-4-8058-5640-6

定価はカバーに表示してあります。

本書のコピー、スキャン、デジタル化等の無断複製は、著作権法上での例外を除き禁じられています。また、本書を代行業者等の第三者に依頼してコピー、スキャン、デジタル化することは、たとえ個人や家庭内での利用であっても著作権法違反です。

落丁本・乱丁本はお取り替えいたします。